276
新教新書

ルター自伝

マルティン・ルター
藤田孫太郎編訳

はしがき

一　本書は、マルティン・ルター（Martin Luther, 1483～1546）の「卓上語録」（Tischreden）の中から自伝的な文章を集めて、「ルター自伝」と名づけられた小冊子である。この自伝の文章は、目次に示されているように、この宗教改革者の生い立ちから始まり、修道僧として福音的な信仰に到達する内面的な葛藤を経て、改革者としての活動を、彼の率直にして自由な、実に天衣無縫とでも言うべき豊かな人間性をまじえて、わたしたちの目前に描き出すものが選び出されている。

二　ルターの「卓上語録」はその内容と形式からドイツ文学史上の特異な作品と言われている。この書は一五三一年から一五四四年頃までの間に、ルターの食卓仲間と言われる人々によって筆記された談話をルターの死後に印刷したものであるから、ルターの「卓上演説」もしくは「対談集」と言うべきものであろう。それゆえ、この書はルター自身の著書でもなく、また彼の意思によって出版されたものでもなく、今日のような速記術も録音機もない当時のことであるから、ルターの言葉どおり筆記されたものでもない。従ってこの書は直ちにルターの著作とすることはできないであろう。このような事情の下に成立したこの書が、多かれ少なかれ異なった種類の幾つかの「卓上語録」として出版されたことは当然である。

一五六六年版の「卓上語録」が最も古い出版であるとされているが、これは一五四五年から一五四六年にわたってしばしばルターの食卓仲間となったヨハンネス・アウリファーバー（一五一九―一五七五年）によって集録された筆記である。この版は、他の五人の食卓仲間、すなわちコンラート・コルダートゥス、アントン・ラウテルバッハ、ファイト・ディートリヒ、ヨハン・シュラーギンハウフェン、ヨハン・マテジウスの筆記に基づいている。これら五種類の「卓上語録」の原稿がどのような性質のものであり、相互にどのように関連しているか、これに関する研究はまだ完成されていない。

ワイマール版ルター全集（WA）に収録されている「卓上語録」は、一九一二年から一九二一年の間にエルンスト・クローカーによって第一巻から第六巻まで「通し番号」（一―七〇七五）

を付して出版されたものである。

三　本書は、クルト・アーラント教授編「ルター著作集」九巻（二六四―二九六頁）の四十七のルターの自伝的文章を骨子として、これに他のルターの文章、たとえばワイマール版（WA）の「卓上語録」、説教集、手紙などを引用して解説としたが、さらになお訳者の手許にあるルター研究書によって説明を加えた。

このように思いきった「ルター伝」編纂の意図するところは、もちろん編訳者として単に伝記の客観性を重んじようとする顧慮ばかりでなく、この信仰上の偉人を教会の内外を問わず、若い人々の間に伝えたいという念願にほかならない。若い日につねに読んで味わうべきものは、精神界の偉人の言葉である。この小冊子は、なるほど姿は軽快であるが、中身は重厚で堅固であると言えよう。

四　本書に引用されたワイマール版（WA）の引用数字については、この浩瀚な全集を持たない多くの人には無意味に思われるかもしれないが、引用の書名を明らかにする必要のある場合、ルター便覧やルター事典によって、どんな著書から引用されているかすぐ引き出せるようになっているので、煩わしさをいとわず付加しておいた。

本文、すなわち（四五四）から（五〇〇）までの個所の括弧内の数字は、アーラント教授の編纂の数字をそのまま付加した。

なおワイマール版の「卓上語録」を引用した場合は、たとえば（五、六二五〇）とあれば、五は巻数であり、六二五〇は第一巻から第六巻までの通し番号であって、巻数を示す数字は省略しても明らかであるから、これを省略した。

引用聖句は邦訳口語聖書と食い違う場合、ルター訳に従った。

一九五九年七月

編訳者

目次

1　両親の家と少年時代（一四八三―一五〇五年）

わたしの全生涯に次々とどのようなことが起こったか、わたしがそれにどのように応じていったか、このことについてわたしはしばしばフィリップ・メランヒトンと話し合い、彼に語った。わたしは百姓の息子だ。わたしの父も祖父も祖先も生まれながらの百姓である。父はあとでマンスフェルトに移転し、そこで坑夫になった。このようにわたしは百姓の出身なのだ。

わたしの父は若い時、貧しい坑夫だった。母は背にいっぱい薪を負って家に帰った。このようにして父母はわたしたちを育てた。（四五四）

ルターの狂暴な攻撃者ザクセンのゲオルク大公が彼を「取り換え子」（生まれたとき悪魔に取り換えられた醜い子）だと言った酷評に対して、ルターは右の文章で、自分の出身が百姓であり、貧しい両親から生まれたことを恥じないと言っているのである。さらにルターは、「わたしはアイゼナッハの郊外のメーラーの百姓の息子であるが、それでも聖書の博士になり、教皇の敵になった」（一五三八年四月）と述べる。卓上語録（五、六二五〇）によれば、ルターは予想もしなかった自己の経歴について、次のように言う。「わたしは学士（バカラーリス）になり、修士（マギステル）になり、とび色の学帽をぬいで他の者に譲り、修道僧になり、このため父が大いに恥をかき、父を激しく怒らせ、そのうえ教皇と摑み合い、修道院を出た修道女と結婚した。誰がこんなことをわたしに予言しただろう」（一五三〇年代）。

チュービンゲンのメーラー村にはルダー、もしくはリュダーと呼ぶルターの祖先の旧家があって、代代ここに定住していた。今日でもなおここにこの名で呼ばれる家が数軒残っているという。ルターの父はマンスフェルトの坑夫であったが、一四八三年の秋から翌年の初夏までアイスレーベンに滞在していた。ルターはそのことについてここには述べていないが、一四八三年十一月十日、アイスレーベンで生まれたのである。

かつて少年の頃、謝肉祭の時期、わたしともうひとりの近所の子が、当時の習慣どおり腸詰をもらうため、戸ごとに歌い歩いたことを思い出す。ある町の人がわたしたちをからかって、「いたずら小僧よ、お前たちは何ができる。何でもやれたらやってみろ」と大声で呼びかけた。そしてその人は、腸詰を二つもってわたしたちのほうに走り寄り、それをくれようとした。しかしわたしと仲間はその大声に驚いて逃げてしまった。実は彼はわたしたちをいじめようとしたのではなく、好意を示そうとした善良な人だったのだ。彼は後ろからわたしたちに呼びかけて、親切な言葉をかけてくれた。だからわたしたちは引き返して、腸詰を受け取った。神に対しても、わたしたちは同じようにしてしまう。神はわたしたちにキリストを贈ってくださるが、わたしたちは神から逃げ出すのだ。（四五五）

一四九六年の早春、彼はマグデブルクに行き、そこで修道僧としての敬虔と隣人愛の修行を積むため、僧団に似た「共同生活の兄弟」という団体に加わり、その学校に入った。マグデブルクにはルターの親戚の人たちもいたが、あまり彼を助けることができなかったので、彼もその当時の習慣に従って学生合唱隊にまじって澄んだ美しい声で歌い歩いた。裕福な人々の家の前に立ってパンを求めて歌うことは恥とは考えられなかった。むしろ修道僧の身分としては特別な祝福とさえ考えられていた。当時このように物乞い歩く乞食僧の光景は若いルターの心に解け難い印象を与えたらしい。「わたしは十四歳のとき、マグデブルクの学校に入学した。そのときアンハルト侯が裸足で頭巾をかぶりパンを求めながら、驢馬のように腰を曲げて地上につくほど荷物を背負って街路を歩いていたのを、わたしはこの目で見た。彼は断食と不眠と苦業のために死人の顔色であり、からだは骨と皮ばかりであった。彼はそれから間もなく死んだ。彼を見た者はその敬虔に感嘆し、自己の世俗的身分を恥じねばならなかった」（ハインリッヒ・ディトマル著「絵で書いたマルティン・ルター伝」一六頁参照。WA三八、一〇五、八以下）。

子どもたちをあまりひどく笞で打ってはならない。というのは、かつてわたしは父からひどく笞打たれたので、父を避けるようになり、再び父に慣れるようになるまで、父を怨んだことがあるからだ。（四五六）

博士マルティン・ルターは言った。子どもたちが不良になり、人を傷つけ、悪事をはたらくなら、罰せねばならない。彼らが人を欺き、盗みをおぼえるなら、なおさらそうだ。

しかし罰も程度を越えてはならない。なぜなら桜んぼやりんごや梨やくるみを取るような子どものいたずらを、金銭や上衣や銭箱に手をかけようとしたときと同じように罰してはならないからだ。本当に罰するには時がある。わたしの両親はわたしをひどく扱ったので、わたしはすっかり臆病者になった。一度母が、少しばかりのくるみのことで、わたしを血が出るほど笞で打ったことがあった。両親は心からわたしを愛していたけれども、母と一緒に暮らした厳格な生活と真剣さが動機になって、わたしはその後、修道院に入って修道僧になった。「りんごを盗ればかならず笞で打たれるのだ」と言って罰を与えねばならない。

厳しい罰のために子どもたちが両親を怨んだり、あるいは生徒たちがそのため教師をうとんじたりしている。それは悪いことだ。なぜなら、多くの未熟な教師が、あたかも死刑執行人や獄吏が盗人を扱うようにして子どもたちを扱うならば、また、どなりつけたり、強迫したり、打ったり、叩いたりするなら、子どもたちの柔らかい芽ばえを台なしにしてしまうからだ。かつてわたしは学校で午前中に十五回続いて笞で打たれた。子どもたちは笞で打たれて罰せられねばならないが、それと同様に、パウロがコロサイ書三・二一で命じているとおり、子どもたちを可愛がらねばならない。パウロは「父たる者よ、子どもをいらだたせてはいけない。心がいじけるかもしれないから」（コロサイ三・二一）、また「父たる者よ、子どもをおこらせないで、主の薫陶と訓戒によって、彼らを育てなさい」（エペソ六・四）と言うからである。（四五七）

一五三〇年、博士マルティン・ルターの父、ハンス・ルターがマンスフェルトで死んだ。その二、三日前に博士マルティンはコーブルクから麗わしい素晴しい慰めの手紙を父に宛てて書いた。さてマンスフェルトの谷の牧師、ミハエル・ケリウス氏が、ハンス・ルターの臨終のとき、彼にキリスト教の信仰箇条がわたしたちに教えている事柄を信じたか、またこれを守ろうとしたかどうかと尋ねた。彼はこれに答えて言った。「これを信じようとしない者は悪人に違いありません！」博士ルターがこのことを伝え聞いて、「それは古くさい世界の言葉だ！」と言った。しかし後でフィリップ・メランヒトンは博士ルターに言った、「博士よ、キリストを知って死んで行く人々はさいわいだ。ことに若い人たちの場合はそうだ。なぜならわたしたちは老いれば老いるほど愚かになるからだ！　わたしはこのことをそのように証言する。というのは若い人たちは素直にキリスト教の信仰箇条に正直にとどまっているからである。彼らは信仰箇条を学んだら、そのとおりに信じる。しかしわたしたちは老いるに従って、討論し始める。そして賢くなろうとするが、実は最大の愚者なのだ！」（四五八）

「あなたの若い日に、あなたの造り主を覚えよ」（伝道の書一二・一）とあるように、幼少の頃キリスト教の信仰箇条によってキリストを知り、その信仰をもって死ぬ者はいかに幸いであることか。ルターの父の死はこのような祝福された死であったとメランヒトンは言う。

ルターは厳格な両親の躾の下に生長した少年時代に対し、ことに父に対して、後年深く感謝している。ルターの両親について次にやや詳しく述べてみよう。ルーカス・クラーナハの傑作の一つであるルターの両親の肖像がワルトブルクのルターの部屋に掛かっている。この二人の老人を知っていたスイス人のケスラーは、彼らを「小柄な日焼けした人たちだった」と言う。全く百姓らしい顔、厳格で質実、忠実で信頼の置けるこの老人たちは、内面的に安定した人たちだったことが明確に認められる。ルターが修道院に入ったとき、ルターの言うように、「わたしの父はそのとき狂わんばかりであった。彼は決してこのことを許そうとし

ルターの両親（父クラーナハ画。1527 年）

なかった。わたしはそのときマギステルになっていたが、再びわたしをお前呼ばわりをして、父としてのすべての好意をわたしから奪い取った」。それにもかかわらず、この父は一五〇七年五月二日、ルターが初ミサを執り行ったとき、すなわちルターの司祭授任のとき、二十グルデンを修道院の台所のために寄進し、二十人の雇人たちを二十頭の馬に乗せて出席した（一五五八）。そのときルターが父に尋ねた、「お父様、あのとき、あなたはなぜあれほど反対し、あのように怒られたのですか。これも安らかな神のみ心にかなった生活ではありませんか」。父ハンスは出席の人たちの前で、「あなたがたは聖書に、父母を敬え、とあるのを読まなかったのですか」と言い出した。

なお危篤の父を慰めるルターの手紙（一五三〇年二月十五日、『祈りと慰めの言葉』〔拙訳一一三頁、新教出版社〕）と併せて、病気の母に送った慰めの手紙（一五三一年五月二十日、同書一二〇頁）を読むならば、ルターの両親への感謝が明らかに見られる。彼は父に感謝して「わたしの父の宝から出た最善のものは、彼がわたしを育ててくれたことである」（一五三二年九月あるいは十月、二七五六a）とも言っている。この父ハンス・ルターは一五三〇年五月二十九日に死んだ。

シュパラティンは一五二二年二月十三日、アイスレーベンの家でルターの両親と会った。そしてルターの体格、動作、人相が母によく似ているのをみて驚いた。そのうえこの母が風変わりな女性であったことはルター自身が言うとおりである。この母マルガレーテ・ルターは一五三一年六月三十日に死んだ。

2 修道僧時代（一五〇五―一五一七年）

一五〇一年四月、ルターはその当時、大学町として繁栄したエアフルト大学の学生としてゲオルク学生寮に寄宿した。ここでもマグデブルクと同じように規則正しい毎日の祈りと、教会の規則に従った修道院的環境が続いた。ルターは一五〇二年に学士（バカラーリス）となり、一五〇五年に修士（マギステル）となった。これらの称号もしくは学位は、大学の基礎学科をおえて哲学研究の範囲に属する部門を修了した者に与えられる。たとえばルターの場合、「自由七科」をおえて、アリストテレスの自然科学、数学、天文学、政治学、倫理学、形而上学等を修了した。それゆえ人文主義的教育を受けたことになるのである。エアフルト時代のルターの精神的収穫についてここに一言しよう。

「アリストテレスは形而上学第十二巻で言う、『最高の存在は自分自身を直観する。もしもこの存在が自己を越えて直観するなら、世界の悲惨を直観するだろう』と。アリストテレスはここで神を暗黙のうちに否定している」（一三五）。アリストテレスの神は、自己省察に沈潜する純粋思惟であり、そこに永遠の祝福を見るというのである。ルターはアリストテレスの形而上学の根本的欠陥を突く。すなわちその神観について鋭い批判を加えた。このようにして彼はアリストテレスよりもローマの政治家・哲人であるキケロに、さらに旧約（伝道者ソロモン）の倫理に優位をおく。彼が初めて聖書を手にしたのもこの頃であった。

マギステルになってから、まずルターの前にあったものは、神学、法学、医学のうちいずれを選ぶかということであった。父の定めによって法律を学ぶことになったが、父の希望も自分自身の計画も打ち砕く事件が起こった。一五〇五年七月二日、シュトッテルハイム村の近くで、雷光が彼を大地に打ち倒した。彼は恐怖に怯え、自分を救って下さるなら修道院に入ると聖アンナに誓った。それから二週間後の七月十七日、友人たちに伴われて彼はエアフルトの黒い修道院の門をくぐった。

ルターはなぜ修道院に入ったか。父の激しい反対もあった。また彼が言うように、自発的に修道僧になったのでもない。彼はあの事件のときにいわば強制された誓いを、後悔したという。それでも彼は自己の決心を動かさなかった。この決心の動機が突然の死に対する恐怖であったにせよ、また彼の誓いが突発的な霊感であったにせよ、問題は、神ご自身が嵐の恐怖の中で彼を召命したのだと、彼が全身全霊を挙げて堅く信じたことにある。彼が年老いてもなお言っているように、「大いなる服従」を神にささげようとしたのである。

修道僧の生活をするために誓約する人は、他のキリスト者よりもよい生活をすると思い、また自分の生活によって自分自身ばかりでなく、他の人たちをも助けることができると思っている。このような人はキリストを拒み、キリストの功績を踏みにじるだけである。これは瀆神だ！　厭わしいサタンよ、くたばってしまえ！（四五九）

博士マルティンは修道僧の憐れむべき蛮行について語った。彼らが修道僧の誓願をして修道院に採用されると改名せねばならない。なぜなら、彼らはこのようにして誓願すれば、新たに洗礼を授けられたと同じことになると言っているからだ。彼らは修道僧の誓願を聖なる洗礼と同じものだと考え、このことを公然と証言した。ちぇっ、わたしたちはなぜ人間のたわごとを神のサクラメントと同一視し、あるいは人間のたわごとのほうを優れたものとし、キリストの血を踏みにじろうとせねばならないのか。宮廷の余計な華美と横暴と世の悪行が少数の敬虔な人たちを修道院へ駆り立てる、それでも、これらの人たちはただ偽善のほかなにもしない。クリュソストモスが言うように、王は燦然と輝く。王が人から尊《たっと》ばれるのは、その王冠のためであり、修道僧が尊まれるのは、その外面的徳のためである、というよりも、その偽善のためであると言ったほうがいっそう正確だ！　神は人間の外面を見るとでも言うのだろうか。修道僧の頭巾については文句を言わないことにしよう。しかしあの黄金の鎖は投げ棄てられたほうがよかろう！　修道僧が飾られているため、また飾られていなければならないために、王や侯爵や政府の役人は高尚な優れた徳行を毎日行っている。しかしどんなに敬虔な修道僧でも、都合のよい時機をみて行う自選のわざや徳行だけはいつも行っている。

要するに、洗礼とキリスト教は、どんな修道僧よりも、はるかにはるかに優れていなければならない。すべての修道僧がどれほど敬虔であろうとも。（四六〇）

わたしが修道僧であったとき、修道僧の袖無し肩衣を着ないで独房から外出したとしたら、わたしは死に至る大罪を犯して絶望したであろうと、自分でもそのように思っていた。このような名誉は主キリストのみに与えらるべきものであるにもかかわらず、このような愚かな行いに信頼し、それを恃《たの》みにせねばならないとは、なんという憐れむべき大きな蛮行ではないか。このことだけでも、またこの誤りだけでも、人は教皇精神に対して怨恨をもつべきであったのに！（四六一）

ルターは、修道僧の誓願と洗礼のサクラメントとを同価値にする修道院のたわごとと修道僧の偽善的蛮行を糾弾する。

「修道院制度は誤謬と無知、不従順と不信仰、神のものを強奪し、神を冒瀆する一種の騒音《バベル》である」（WA八、六三八、三三―三五）。「修道僧の身分の上に置かれている信頼は、神のものを強奪するものであり、従って不信仰である」（WA二五、一八〇、三七―三八）。「修道僧たちが彼らの修道院生活をキリストの洗礼と比較していることは否定されない。彼らはつねにどこでもそのように教え、そのように行っているからである」（WA三八、一四七、三〇以下）。修道僧の誓願が成就されると、修道院長や聴罪師から、咎なき子どもとして、洗礼の水から揚げられて潔められたものとして祝福される。修道僧の洗礼は、キリストの血なしに修道院の誓いを自分で成就することによって聖化されるというのである。それゆえ自分で選んだわざの成就を賞められ、奇跡の実行者だと言って自惚れる修道僧の傲慢が修道院の生活に隠されている。模範的修道僧としてのルターがこの修道僧の洗礼によって地獄の淵を見たことは言うまでもない。

「わたしが敬虔な修道僧であり、修道院の規約を厳格に守ったことは真実である。修道院の生活によって天国に入れる修道僧があったら、わたしも天国へ行けると思う。わたしを知っている修道院の兄弟たちは誰でもこのことを証言してくれるだろう。わたしの修道院生活がもっと長く続いたなら、不眠と祈りと読書と労働、その他あらゆる責苦のために死んだであろう」（WA三八、一四三、二五以下）。ルターの真剣な懺悔について、「あなたの羊の状態をよく知り、あなたの群れに心をとめよ」（箴言二七・二三）という言葉を解して、「わたしはわたしの聴罪師に対してわたしの心の中をありのままに打ち明けねばならない。わたしの聴罪師は、牧者がその羊を知っているように、わたしが過去において毎日行ったことをことごとく知るに相違ない。だからわたしはわたしの少年時代の行為をすべてわたしの聴罪師に告白した。そのため修道院の師父は遂にわたしを非難した」。

「わたしは聖なる修道僧になろうとして、敬虔にミサと祈りをもって準備した。しかしわたしが最も敬虔であったとき、わたしは疑惑者として祭壇に近づき、また疑惑者として祭壇を去った。懺悔の祈りを唱えても、やはり疑惑は去らなかった。しかし懺悔の祈りをしなかったら、わたしは絶望の淵に沈んだであろう。わたしは全く妄想のうちにあったからである。わたしたちは天国の聖徒のように、完全に罪がなく、またそのように純潔でないなら、わたしたちは祈ることはできないだろう、またその祈りは聞かれることもないだろう」(WA二二、三〇五、三五以下)。修道院生活による義に対して疑惑をもったルターは、修道僧として努力すればそれだけ修道院の偽善を経験せねばならなかった。「走れば走るほどますます遠く退く」と言い、いま、彼が与えられているものは、あのように走ったことによって与えられたものでなく、ただ神から与えられたものであると言う(五〇二)。

かつてエアフルトのアウグスティヌス会の修道院でわたしの教師であったアウグスティヌス会の修道僧ウジンゲン博士は、わたしが聖書を愛し、聖書を好んで読んでいたのを見てわたしに言った。「マルティン君、聖書とはどういう書物か、昔の教師の書を読むがよい。彼らは聖書の中から真理を汲みとろうとしているが、聖書は混乱を惹き起こす原因になる書だ」と言った。博士マルティン・ルターは言った。詩篇二篇一〇節でも見られるとおり、これは神のことばについてこの世が下す判断である。というのは、誰かが偉い人たちに「ああ、王さまがたよ、あなたがたは他人の忠告をお聞きなさい」と言っても、彼らは聞かず、教えも認めようとしないからである。わたしたちもまた彼らをお人好しの仲間と同じように去らせねばならない。（四六二）

ルターは二十歳になってもまだ聖書を見たことがなかったと言う（三、七六七）。「日曜日の説教で読まれる以外に福音書も使徒の手紙もないと思っていたが、遂にエアフルト大学の図書館で聖書を初めて手にした。サムエル記の一章（サムエルの母の話）を読んだ。もっと読みたかったが、鐘が鳴って、わたしは講義に出席した」。このように、ルターが聖書を初めて手にしたのは修道院に入る前であったが、まだ聖書を全部読む機会がなかった。しかしこのとき聖書は不思議なほど気に入る書物となった。いつかこのような本を持つことができたら！　と願ったと言う。その当時は誰も聖書を読まなかったし、その内容もほとんど知られていなかった。ルターの師ウジンゲン博士も聖書を読まず、聖書を軽んじている。聖書を信仰の鍛練のために読まないで、ただの歴史の書として学問的に読んでいたにすぎない。従ってキリストについて何の理解もなかったのである。

それゆえ、もろもろの王よ、賢くあれ、
地のつかさらよ、戒めを受けよ。(詩篇二・一〇)

エアフルト修道院でルターが愛読した聖書は、おそらく修道僧たちが彼に与えた赤革製本の聖書であろう。「聖書の各頁に何が書いてあるか、聖書の一句が引用されるなら、どこにそれが書かれてあるか、すぐ分るほどわたしは聖書に親しんでいた」(一一六)。

初ミサが厳格に行われて、多額の金銭が舞い込んで来た。というのは、このとき、お金が吹雪のように舞い込むし、供物《くもつ》と贈物とが一緒になって、ほんとうのお金の網になったからである。このとき若旦那(訳者註　ある特定の多額の寄進者)は、母親がまだ生きていたので、母親とダンスをさせられた。そうすると傍観者も立って嬉し泣きをした。しかし母親が死んだとき、彼はミサを彼女のために執り行って、浄罪火から彼女を救い出した。エアフルトで初ミサを行ったとき、わたしは死にそうになった。なぜなら少しも信仰はなかったが、もちろん、わたし自身は罪人でないかのように、ミサの間に十字を切ったり、偉そうな様子をしたりして、尊敬すべき人間のように見せかけることばかり考えていたからである。（四六三）

ミサ聖祭が教会や修道院の有力な財源になっていることは、ミサそのものの性質から明らかである。ミサはカトリック教会の教えによれば、キリストのゴルゴタ山上のいけにえを無血でくり返すことである。しかしルターによれば、「ミサは恐るべき残忍な冒瀆そのものである」（WA一八、二八、二二—二三）。

カトリック教会の教えによると、カトリックの信仰をもって死んだ人たちのたましいは死後、浄罪火もしくは煉獄の中へ入る。そこでは、彼らのたましいは生存中に贖いきれなかった罪の刑罰を浄罪火の中で贖わねばならない。そうでないと、彼らのたましいは祝福されて天国には行けないのである。そこで浄罪火の中にいる「憐れなたましい」の滞在期間を少しでも短くするために、たましいのミサ、免罪符、祈り、その他教会が定める特別な功績的わざを行うのである。

一五一九年頃のルターは、浄罪火についてまだ明確な考えを示さなかったが、一五三八年のシュマルカルデン信条によると、浄罪火は聖書的でないとしてこれを拒否した。

「教皇はミサというい ろいろ様々の偶像礼拝の毒虫と蛆虫を産み出した。キリストは生者のためにサクラメント（聖餐）を定められた。しかるにミサはほとんど死者のためのみに用いられている。それゆえ浄罪火は、その一切の華麗な礼拝と行事とともに悪魔の威嚇物とみなされる。なぜなら、たましいを救う者はキリストのみであって、人間のわざであってはならないからである。またわたしたちは死者について何も命ぜられていない。従って浄罪火もわたしたちの信仰箇条に反するからである。それゆえミサは誤謬や偶像礼拝であってもなくても棄てられねばならない（WA五〇、二〇四、二五―二〇五、一九）。しかしミサが倒れたなら、教皇制も倒壊するだろう。彼らはこのようなことが起きる前に、わたしたちをことごとく殺すだろう」。

ルターが初ミサのとき、なぜ死にそうになったか。「わたしがなお修道僧であったとき、初めてミサの儀式の中で、『いとも恵みに富みたもう父よ、わたしたちはこのようにあなたに、生ける真実な永遠なあなたに、いけにえをささげます』という言葉を読んだとき、わたしのからだはすっかり硬直した。そしてこれらの言葉に驚愕した。なぜならわたしは君侯や王を見ただけでも、あるいは話しただけでも気落ちするのに、どうしてこのような偉大な尊厳に呼びかけ話しかけることができよう」（創世記講義より。WA四三、三八二、一）。「二十年前にわたしからミサを奪い取ろうとする者があったら、わたしはひどく摑み合いの喧嘩をしただろう。わたしはそれほどミサを衷心から尊んでいたからである」（三七二三）と言って、ルターはミサに対する畏敬の念を表わしている。

ルターは、エアフルトで世話になった修道院代行司祭ヨハネス・ブラウンに、お礼として、自らの初ミサへの招待状（一五〇七年四月二十二日付）を書いた。そこで述べられているミサについての考えと、一五二一年十一月二十一日の父に宛てた手紙のミサについての考え、さらに十年後の一五三〇年代の考えを比較すると、興味ある推移が窺えるが、ミサは既述のように、「怖るべき残忍な冒瀆以外の何ものでもない」ことになる。

「すべての栄光のうちにいます神は、塵の中で生まれた貧しいわたしに好意をもちたもう。わたしは今、このようにしてわたしに託された職務に就こうとしています。わたしの聖なる師父の決定によって、来る復活祭後第五主日（五月二日）に神の恵みにより初めてこの職務を執行することになっています。この日は父の都合のよい日ですから、わたしの初ミサのために定められたのです」（一五〇七年四月二十二日）。このようにしてルターは、一五〇七年エアフルトのアウグスティヌス修道院で司祭に授任された。これによってルターは、教会の最も神聖な行為であるミサ聖祭において十字架上のキリストのいけにえをくりかえすことのできる司祭になったのである。かつてルターが修道院に入ったことをひどく怒った父が、このとき二十頭の馬に乗ってやって来たことは既述したとおりである。ここで一五二一年十一月二十一日、ワルトブルクからルターが父に宛てた手紙の中から抄訳することにしよう。

「あなたの知らないうちに、またあなたの意志に反してわたしが入った修道院生活は、ちょうどいま十六年目になろうとしています。あなたは父としての愛情からわたしの弱さを知って心配されたのです。というのは、わたしは二十二歳になったばかりで、アウグスティヌスの言葉で言うなら、『熱い青春』がわたしのうちにあったからです。そしてまたあなたはこのような生き方が多くの人々を不幸にしたことを多くの実例から知っておられたからです。あなたはまた金持ちとの名誉になる結婚をわたしにさせようと考えていらした。あのときのあの恐怖はあなたの心配の種でした。わたしに対するあなたのご立腹はしばらく和解できないものでした。それゆえあなたの友だちがあなたに忠告して、あなたの最善のもの、すなわち最愛のものを神にいけにえとしてささげねばならないと言った言葉もあなたには無駄な言葉でした。そのうちに神があなたのお考えのうちに、『主は人の思いの無益なることを知りたもう』というあの詩篇のことばをお響かせになったのです。しかしあなたには依然としてその声が聞えなかったのです。しかしとうとうあなたは譲歩して神の御旨に委ねられました。しかしわたしのためになされたあなたの不安は無くなりませんでした。なぜなら、あなたがすでにわたしと和解して、わたしと話し合うようになり、それでわたしが召されたのは恐るべき天からのまぼろしによるのであって、わたしが好んで修道僧になったのでなく、もちろんわたしの口腹の欲を満たすためでもなく、恐るべき突然の死の不安の只中にあって、わたしはのっぴきならぬ誓約をしましたとわたしがあなたにはっきり申しましたとき、あなたは『それが錯覚か幽霊でなければよいが！』とおっしゃいました。この言葉がわたしの記憶の中に生きているからです。さながら神があなたの口を通して語っているかのように、わたしの心の底に入ってそこに定着しました。しかしわたしは、できるだけわたしの心を堅くして、あなたとあなたの言葉に反対しました。あのときあなたはなお他の言葉を言われました。わたしが子どもらしい信頼のうちにあなたの怒りを非難したとき、あなたの口から、わたしの生涯においてこれほど強くわたしに響いて忘れることのできない言葉が聞かれた。その言葉がわたしを的確に罰しています。すなわち『人は両親に従うべし』ということをあなたも聞かなかったかと言われた。それでもわたしは自分が正しいと確信して、あなたの言葉を普通の人間の言葉のように聞きました。それで勇気を出してあなたを軽蔑しました。勇気を出してというのは、わたしはそれでもなお心の中でこの言葉を軽蔑することができなかったからです。……それゆえわたしはこの書物をあなたに送ります。この書物の中で、キリストがどんな力と奇跡のわざをもって修道僧生活の誓いからわたしを救い出されたか、キリストがわたしをすべての人に奉仕する僕《しもべ》にして下さったか、しかしキリストのほか何人の奴隷にもしない、このような大いなる自由をわたしにお恵み下さったか、あなたはこれらのことをお知りになるでしょう。なぜならキリストのみが直接わたしの司教であり、修道院長であり、主であり、父であり、師であって、その他の何人もわたしは知らないからです。そして今や、キリストが多くの他の人たちを助けるために、あなたの子をあなたから奪いたもうたことをわたしは信じています。……なぜなら、誤謬と蛮行の国が砕かれ倒される大いなる日が近づいていることを、わたしは望んでいるからです」。

3　ルターとシュタウピッツ

ヨハン・フォン・シュタウピッツ（一四六九?―一五二四年）はザクセンの貴族の出身であり、チュービンゲンでアウグスティヌス会の修道僧になり、一五〇三年新設されたヴィッテンベルク大学神学部長を兼ねて戒律派僧団の修道院長代理としてアウグスティヌス会僧団の内面的革新のために努力した。アウグスティヌス会の僧団は二つの異なった教派、すなわち会議派と戒律派に分かれ、後者は僧団の規律を厳格に尊重する派であり、シュタウピッツはこの両派の統一を図った。彼が属したエアフルト修道院も戒律派に属する他の七つの修道院の一つであったが、この派の中にいろいろの矛盾があることが明らかになっていたので、この調停のためか、シュタウピッツはこれをルターに委託してローマに派遣したと言われるが、確かにそうだとも言われない。ルターがシュタウピッツの戒律派に属していたことは、一五一二年のケルンの修道院会議によっても、またルターの第一回詩篇講解（一五一三―一五一五年）によっても確かである。

シュタウピッツは一五二〇年、ルターとローマ教皇庁のいわば板挟みのような立場に立つため修道院長代理の職を辞した。彼はザルツブルクの大司教ランクの宮廷説教者として、また同地のベネディクト派聖ペテロ修道院長としてルター反対の態度をとり、「ルター教徒」を異端者として扱うべきことを答申した。

他のとき博士マルティン・ルターは、キリストなしには神を認識することはできないだろうと言った。そうしてわたしはかつて「予定説の高尚な誘惑によってひどく悩まされた」と博士シュタウピッツに訴えたと語った。そのときシュタウピッツはわたしに言った、「予定説はキリストの傷によってしか理解されない。それ以外のどこにおいても理解されない。なぜなら『あなたがたはこれに聞け』（マタイ一七・五）と書いてあるからだ。父はあまりにも高い方である。だから父はこう言われる、『誰でもわたしのもとに来ることができる道を示そう。つまりキリストを信じ、彼に寄り頼め、そうすればわたしが誰であるか理解されるだろう』と。しかしわたしたちはそうはしない。それゆえ神はわたしたちに

シュタウピッツ

は不可解であり、理解されない。神がどんな方であるか、わたしたちには考えてみることができない。ましてどんな心をもっておられるか、なおさら考えられない。神は把握されない、キリスト以外によっては把握されようとなさらない。あなたは、なぜ多くの人々が呪われているか、その理由をいま知ろうとするか。彼らはキリストが父について次のように語り、そして教えておられることを聞かないからだ。すなわち、『わたしが誰であるか、どんなことをする者であるか、またわたしは何をもとうとするか、あなたがたはこのようなことをキリストにおいて理解しなければならない。そうでないと、あなたがたは天上でも地上でもこのようなものは理解されないであろう』」。（四六四）

ルターは、予定説の問題で悩んでいたとき、あるアウグスティヌス会の修道僧が語った次の言葉によって、慰められたと言う。「誰でも予定説について考えようとするとき、わたしたちの目の前にいる幼子キリストを考えようとしないならば、わたしたちは必ず絶望せざるをえない」（三六八〇）。

予定説についてシュタウピッツはルターに次のように忠告した、「あなたが予定説を論じようとするなら、まずキリストの傷から始めなさい。そうすれば一挙にして予定説のすべての論議は終わるだろう」（一〇一七）。

青年の頃アイスレーベンで、わたしも死祭服を着て、聖体行列に一緒に加わった。そのとき博士シュタウピッツが行ったサクラメントに驚き、急に汗が出た。そしてひどく怖れたため死にそうになったことを覚えている。さて行列が終ったとき、この出来事を博士シュタウピッツに告白した。彼はこう言った、「おや、あなたはキリストのことを思っていない」。わたしはこの言葉を喜んで聞いた。そしてこの言葉はわたしにとってたいへん慰めとなった。（四六五）

ルターが彼の聴罪師シュタウピッツに数回続けて愚かな罪を告白したとき、「あなたは愚か者だ。神があなたに怒っているのでなく、あなたが神に怒っているのだ」という言葉は、福音の発見以前にルターが聞いた素晴しい言葉であった。偶然に言われた言葉が誘惑の只中にある者の霊を新たにするとルターは言う（四三六二）。

わたしが修道僧であったとき、博士シュタウピッツにしばしば手紙を書いた。かつて彼にこう書いたことがあった、「ああ、わが罪、罪、罪！」と。これに対して彼は次のように答えた、「あなたは罪なき人になろうとしているが、あなたにはほんとうの罪はない。両親を殺したり、衆人の前で瀆神したり、神を軽んじたり、姦淫したりするようなこと、これが正真正銘の罪だが、キリストはそれを赦される方である。キリストによって助けてもらうためには、正真正銘の罪が書いてある一覧をもっていなければならない。あなたはこのようなつまらぬしわざや下らぬ罪に関係してはならない。そして風が吹くたびに、それをすぐ罪にしてはならない！」（四六六六）

一五一八年五月三十日にヴィッテンベルクからシュタウピッツに宛てたルターの手紙によ

ると、ルターがシュタウピッツから初めて聞いた真実の懺悔は、神への愛である。この愛こそ懺悔の始めであり、終わりであって、真にすべての懺悔の冒頭に立つものであると。ルターはこれに続けて次のように書く。

「あなたのこの言葉は、『ますらおの鋭い矢のように』（詩篇一二〇・四）わたしを射ました、そしてわたしは懺悔について聖書のすべての個所を引いてこの言葉と比較し始めました。ところが、なんと喜ばしい光景が現われたことでしょう。これらの聖句がわたしの所に遊びに来るかのように、あらゆる所から流れて来ました。そしてあなたの文章に笑いかけているかのように、どっと押し寄せて来たとき、以前わたしにとって全聖書の中で最も苦い言葉であった懺悔という言葉が――つまりわたしが力一ぱいに神の前に偽りの懺悔を装い、そして自分で作った強いられた愛を表わそうとしていた限り――今やわたしに他のすべての言葉よりもいっそう甘美な愛すべき響きを与えるのです」（WA一、五二五、一五以下）。真実の懺悔は義と神への愛から出るというシュタウピッツの言葉は、ルターには確かに一つの救いであった。しかしこの言葉は、長い間苦しんで来たルターの懺悔の戦いの終わりではない。隠された神の意志についてのルターの絶望、予定説に関する彼の苦しい討論はキリストの傷を見れば解消するだろうと言ったシュタウピッツの言葉は彼には天来の声のように響いた。ルターは後年シュタウピッツとの間に深い溝があることを知った後でも、彼に最高の感謝を惜しまない。福音の光に導かれたことも彼に負うと思った。しかしルターの聴罪師として、またルターのたましいの牧者として、シュタウピッツは真にルターに慰めと救いをもたらしたであろうか。

シュタウピッツはオッカム主義者ではない。彼の神学はルターが接した同時代のいずれの神学よりも深く、また豊かであり、内面的なものであった。彼は神学的には、恵みとわざを等量に測る巧妙な組織をもつ中世カトリックの代表的思想家トマス・アクィナスの弟子であり、彼の敬虔について言えば温和にして高貴な神秘主義の信奉者であったため、わざよりも、はるかに恵みを重く見た。したがって、人間は超自然的に注がれるサクラメントの恵みによってのみ善きわざをなしうる。神への愛によって祝福された確かさとしてのこの恵みは、すべての懺悔にまさり、すべてのわざにまさり、すべての功績にまさる。わたしたちに対する神の愛の確かさはキリストの死と受苦の考察によって生ずる。しかしシュタウピッツは神の前に人間の価値を可能ならしめる。彼は恵みはわざを可能ならしめ、人間は神の前に価値あるものとなることを人間に許すのである。彼はこのことについて疑わない。一五一七年、シュタウピッツは、人間が救われるのはそのわざによってでなく、恵みのみによると主張するなら、それは悪魔的誘惑であると確言する。キリストを模倣する真実な敬虔な彼の全生活、彼の恵みの神学の忠実な実践、神の愛に帰依する静穏な沈潜は根柢において功績の観点の下に立つものであり、また神と人間との関係を定める標準になるものは結局、律法的秩序である。

律法は絶対に成就されねばならない。しかしルターは律法が絶対に成就されえないことを知っている。このような律法がシュタウピッツには克服されずに残っている。それゆえ老練な聴罪師であり、修道院の霊的指導の大家であり、古代教会の最も高貴な代表者であるシュタウピッツは、恵みの神についてルターの質問に適切な解答を与えることができない。おそらく彼は幾重にも繰り返されたルターの苦悩を宥めすかすにすぎなかった。

博士マルティンは中庭の梨の木の下に坐って、学士アントニウス・ラウテルバッハに、牧師の職はどうかと尋ねた。ラウテルバッハが自分の困難や誘惑や弱さを訴えたので、彼は言った。おや、わたしにもそのようなことがあった。あなたのようにわたしも説教席がたいへん恐ろしかった。それでもわたしは続けねばならなかった。わたしは説教をやらされた。ああ、なんとわたしは説教席を恐れたことだろう！

しかしあなたはやがて修士になろうとしている。そしてわたしよりも、また修行を終えた他の人々よりも博学になろうとしている。あなたはたぶん名誉を求めようとする、それで誘惑もされよう。しかしあなたはわたしたちの主である神を説かねばならない。このことを人々がどう考えるか、またどう判断するか顧慮してはならない。これよりももっとよくやれる人があるなら、やってみるがよい。あなたはキリストと教理問答を説教すればよいのである。このような知恵はすべての人間の判断に優ってあなたを高めるだろう。なぜならこれは神のことばであり、神のことばは人間よりも賢いからだ。神はあなたの語るべきことをあなたにお与えになるだろう。そして人間の判断や讃美や侮辱を顧みたまわない。あなたはわたしから賞められることを期待してはならない。もしわたしがあなたの説教を聞くなら、わたしはあなたの説教を徹底的にこきおろすだろう。なぜならあなたが名誉を欲しがったり、自慢したりするなら、誰もあなたを仲間に入れないからである。しかしあなたは召されていることを知らねばならない。あなたがキリストを讃美するために役に立つなら、キリストはあなたを必要とされる。このことをあなたはしっかり覚えていなければならない。褒めたり悪口したりしたい者には、そうさせておくがよい。それはあなたには関係ないことだ。あなたの弁解はわたしにはなんの価値もない。

わたしはこの梨の木の下で博士シュタウピッツに、わたしの召命を断ろうとした。わたしは十五の理由をもっていた。しかしそれらの理由は何の役にも立たなかった。わたしがとうとう、「博士シュタウピッツよ、あなたはわたしの命を取ろうとなさるのですか。わたしは消耗し、あと三か月も生きてはいないでしょう」と訴えた。彼は言った、「よろしい、ご随意に！　わたしたちの主である神はたいへん忙しい仕事をお持ちです。神は天国でも賢い人たちが必要です！」

それから博士シュタウピッツは、彼がなし遂げた多くの善事を博士ルターに語った。ことに彼が研究者を愛し、これらの人々を奨励したことや、彼が最上長者として、また大司教代理として三年間、全修道院管区から選ばれたとき、彼は忠言と知恵をしぼってあらゆることをなし遂げようとしたが、思うようにはかどらなかったことを語った。それから後、また三年間、彼は再選されたときも、教父たちや最長老たちの忠言に従って努力したが、道に迷うこともあった。それからまた三年間、彼はすべてを神の御旨のままに委ねたが、なおさら事ははかどらなかった。それで彼は言った、「成りゆきにまかそう。なるようにしかならないのだから。わたしも、司祭たちも、神もなにもなそうとしない、また次の三年間の大司教代理の職が来るに違いない！　わたしはその職のためにまた別のことをなし始めている」。（四六七）

説教職をめぐるルターとアントニウス・ラウテルバッハとの対話は、卓上語録の他の編集者コンラート・コルダートゥスの筆記によると、ルターとシュタウピッツとの対話になっている（二二五五a）。本編の編集者ファイト・ディートリヒとコルダートゥスとの間にこのような不一致があっても、事柄から言えば誰との対話であっても差し支えないと思う。

ルターは一五一一年夏、再びエアフルトからヴィッテンベルクに移された。第一回目のヴィッテンベルク滞在のとき、ルターはシュタウピッツと知己になった。ヴィッテンベルクの修道院の有名な梨の木の下のベンチでシュタウピッツとルターとの間に取りかわされた対話は、おそらく一五一一年の夏であったと想像される。ここでシュタウピッツはルターに「マギステル殿！　あなたは博士の学位を獲得せねばならない……」と言う。シュタウピッツは今、多くの困難な問題をもっているので、ルターをヴィッテンベルク大学における自分の後継者として、また有力な相談役としたかったのである。「わたしの体力は消耗しているから、あと長くは生きられないでしょう」というのがルターの謝絶の理由である。

このようにルターは彼から勧められ、修道院の説教者とされ、研究指導者とされ、一五一二年四月には聖書の博士となり、一五一二年十月末、まだ二十九歳にも達していない若い教授として創世記の講義を始めた。しかし後年になってから彼が語るように、「博士になっても、福音の光を理解していなかった」（一五三七年五月二十一日の説教より。WA四五、八六、一七以下）。

博士シュタウピッツは、たいへん博学な人だったが、腹の立つ説教者だった。わたしたちは、誰にでも理解されるような、単純素朴な信仰者の説教を聞きたい。なぜならあなたがたが知っているとおり、キリストは比喩をもって子どもらしく話されたからだ。子ども

たちに見栄えの良さや名声を求めてはならないだろう、そこでは素朴に、簡単に、そして公正にしなければならない。（四六八）

4 誘惑

博士シュタウピッツにわたしがしばしば懺悔したことは、女のことではなく、本当の誘惑のことだった。彼はそのとき、「わたしには分からない」と言った。つまり諦めろということだ！ 他の人のところに行って懺悔したが、彼らもシュタウピッツと同じ態度をとった。要するに、どの聴罪師もそんなことを分かろうとしてくれなかった。そこでわたしは、「こんな誘惑と試煉をもつ者はお前のほかにいないのだ」と思った。そしてわたしはまるで屍骸のようになってしまった。わたしがそのように悲しみかつ落ち込んでしまったので、とうとう博士シュタウピッツは食事のときにわたしに話しかけた、「兄弟マルティンよ、あなたはどうしてそんなに悲しむのか」。「ああ、わたしはどこへ行けばよいのでしょうか」とわたしは言った。彼は言った、「このような誘惑はあなたにとって善いことであり、必要なことであることを、あなたは知らない。もしそうでないなら、あなたから善いことは生じないだろう！」彼自身は自分の言ったことを理解していなかった、なぜなら彼は、わたしが博学を鼻にかけており、もしわたしに誘惑がなかったなら、わたしが高慢で不遜になっただろうと考えたからである。しかし、わたしはこの誘惑をパウロのように受けとった。「わたしが高い啓示を自慢しないように、わたしの肉体にひとつのとげが与えられた」（IIコリント一二・七、ルター訳）。それゆえわたしはこの言葉を聖霊の声として受けとった。

わたしが修道僧であったとき、わたしは教皇制のために非常に敬虔であった。それでもわたしは悲しみ憂えていた。神はわたしに恵み深くないのではないかと思ったのだ！　わたしはその当時ミサを真剣に守り、祈った。わたしが修道院で修道僧であったとき、さしあたり女を見たこともなく、持ったこともなかったと断言してよい。いま、わたしはサタンの別な思想に悩まねばならない。なぜならサタンはしばしばわたしを非難して、「ああ、お前はお前の教えによって多くの人々を誘惑しているではないか！」と言う。誘惑の中で単純な一言が折々にわたしを慰め、わたしを励ます。わたしが繰り返し愚かな罪をわたしの聴罪師の前にもっていったとき、彼はわたしに言った、「あなたは愚か者だ！　神があなたに怒っているのではなく、あなたが神に怒っているのだ！」なんという尊い偉大な素晴しい言葉だろう！　彼は福音の光以前にこの言葉を言ったのだから。（四六九）

ルターがしばしばシュタウピッツに懺悔したことは、女の問題ではなく、真剣なたましいの葛藤であり、誘惑であったと言う。「修道僧時代、わたしはほとんど情欲を感じなかった。ただ、肉体の自然な要求のため夢精を経験したことはあった。わたしは女たちの懺悔を聴くとき、決して彼女らを見なかった。わたしは懺悔を聴いた女たちの顔は覚えようとしなかった。わたしはエアフルトでは一人も聴かなかった。またヴィッテンベルクでは三人だけ聴いた」（一二一）。

シュタウピッツにもルターの懺悔によって同じ深い絶望が襲って来る。そこで彼は、そのようなことは「わたしには分らない」と逃げる。ここで諦めろと言うのは、安心しろ、元気を出せ、確信して期待せよ、という意味もあるように思う。ルターが他の聴罪師の所へ行っても同様であった、だから、この苦悩は他人の助けなしに自分だけで苦しまねばならない。「こんな誘惑と試煉をもつ者はお前のほかにいないのだ」。ルターがある同僚の修道僧に彼の悲哀と絶望を語ったとき、「彼自身（神）が希望せよと命じられるのだ、わたしたちの救いは神に結びつく信仰のほかにない、わたしたちに希望せよと命じる神をなぜ信頼しようとしないか、という同僚の言葉はわたしに新しい生命を与えた」（四三六二）と言う。

シュタウピッツは、ルターに誘惑がなければ博学のために高慢になるだろうと考えた。謙遜を通して神がたましいの淵に生まれるという神秘説は、つねに自己のわざ、功績、自然的能力を前提として、これによって神の恵みを獲得できると考える。スコラ神学者は「なんじの内なるものを完成せよ」と教える。しかし彼らは聖書を軽んじ、キリストを正しく理解しなかった。それゆえシュタウピッツは、ルターの誘惑をルター自身が善くなるための恵みだと解しているのである。

博士マルティン・ルターは一五四一年十二月十四日、次のように言った。すなわちサタンの最大の誘惑は、「神は罪人の敵である。お前は罪人である。ゆえに神はお前の敵である」とサタンが言うことにあると。この誘惑に対する感じは人によって異なる。ある人はわたしが青年時代に犯した罪、すなわちわたしがなによりもまずミサを守って、神の子をいけにえにし、これを拷問して冒瀆した罪を非難しないで、むしろこの罪と異なった多くの他のわたしの行為を非難する。このような人は、ほかの人にも、以前その人の生涯においてなしたことを、多くの人々の前で詰問するだろう。

しかしこの結論の最初の命題はまっこうから否定されねばならない、すなわち「神は罪人の敵である」というのは真理ではない。ところでサタンがこれに反対して、ソドムへの神の怒り以外の実例をあなたに突きつけるならば、あなたはこれに対抗して、罪のために神が人となった神の子、すなわちキリストを突きつけるがよい。神が罪人の敵であるというのが本当なら、神は、御子をわたしたちのために遣わされないはずではないか。また、御子をこのように悲惨にし、苦しめ、悩まし、そして死なせないはずではないか。しかし神は、自分を敬虔で義《ただ》しいと考える罪人や、自己を罪人と認めない罪人の敵である。このような罪人が自己の罪を正しく認め、みことばに結びつく信仰によってキリストのみに固着するようにならないなら、神はこのような罪人を見も聞きもしたまわないだろう。

このような誘惑が生ずるのは、それがわたしたちに非常に有益であり、善いものであり、必要であって、人々が考えるように、これらの誘惑のためにわたしたちが堕落したり破滅したりしないで、かえってこれによって導かれ教えられることになるからである。なぜならキリスト者はすべて誘惑と十字架なしにはキリストを正しく学ぶことも認識することもできないからである。これこそまさに、人であって救い主であるかたを正しく認識することを教える学校である。二十年前に初めて、わたしは神の怒りから来るこのような絶望と誘惑を感じた。以前はわたしは落ちついていた。それでわたしもひとりの女を娶って、幸福な日々を送った。しかしその後、また誘惑がやってきた。

さてわたしが博士シュタウピッツにこのことについて訴えたとき、彼はそのような誘惑を感じたことも経験したこともないと言った。しかしわたしが理解し気づいているかぎり、誘惑は飲食よりもあなたがたに必要である。それで誘惑を感ずる者は自己を馴らし、自己を抑えることを学ばねばならない。なぜならこれがほんとうのキリスト教であるからだ。サタンがもしわたしをこのように苦しめ、鍛えないならば、わたしはサタンの敵になることも、サタンに損害を与えることもできないだろう。もしそうでないなら、誘惑が来ると、わたしは日々のどんな小さな罪にでも打ち勝つことができないからである。それゆえ罪はわたしたちを高慢にしないと同時にわたしたちにキリストを知らしめ、神の賜物を増し加える。というのは、わたしたちが誘惑され始めると、そのときから神はわたしたちにこの素晴しい勝利を与えるからである。このようにしてわたしは修道院制とその生活の中にある恥ずべき呪うべき神冒瀆の生活に打ち勝ったのである。（四七〇）

神がキリストとなったのは罪人の罪を除くためであり、罪人を呪うためではない。罪こそ神の敵である。罪について、個人の行為を非難する人が、ミサを非難しないのは顛倒している。誘惑は信仰によってキリストを知るためのものであって、自己の能力によって自己を完成するためのものではない。この意味で、誘惑なしにはキリスト認識なしとも言えるし、また罪は高慢を阻止してキリストを知らしめるとも言えるだろう。

ルターは祈りの後、ミサを守った後、甚だしく高慢になったと言う。それは、これらの行為の背後には、神を信頼せずして、己れの義を信頼する姦悪な人が潜んでいることを知らなかったからである。この姦悪な人は、「わたしが神に御子をささげたこと、すなわちミサをささげたことを神はわたしに感謝し、わたしのために喜んでくれるに違いない」と言うのである。このような人は何によって防げるか。洗礼のサクラメントに感謝せよ！（二九三五ａ）

5　ヴィッテンベルク

わたしたちはこのヴィッテンベルクにおいてもこのことを告白せねばならない。というのはこの土地は全く砂地であり、石よりほかになにもない土地であり、肥えた価値ある土地でもないからである。

博士マルティン・ルターは言った、それゆえある人がヴィッテンベルクのことを次のように歌った――

小さな地よ、小さな地よ、
お前は砂地だ！
わたしがお前を耕せば、
お前は軽い。

わたしがお前を鋤けば、
お前はすなおだ。
わたしがお前を刈れば、
わたしはなにも見出さない。

それでも神はこの石地から良いぶどう酒と値高い穀粒を与えられる。この奇跡のわざが毎日起こっているので、わたしたちはこれを軽んじる。（四七一）

ルターは、ヴィッテンベルクに神の奇跡のわざが現われていることを感嘆する。この項の前後に省略されている文章を補充すると、「木から実が生じ、それが肉と血となることは素晴しいことだと博士マルティンは言った。というのは、木は材木以外の何であろうか。あなたが木を煮ても、炙っても、木は木だ。これによって肉と血が養われる甘美な愛らしい実が、木から生じるというのである。それでわたしはイタリアで、たいへん美しい橄欖《かんらん》の小さな木が堅い岩石の上に生えているのを見たことがある。ここでわたしは『神は岩から蜜を出させ

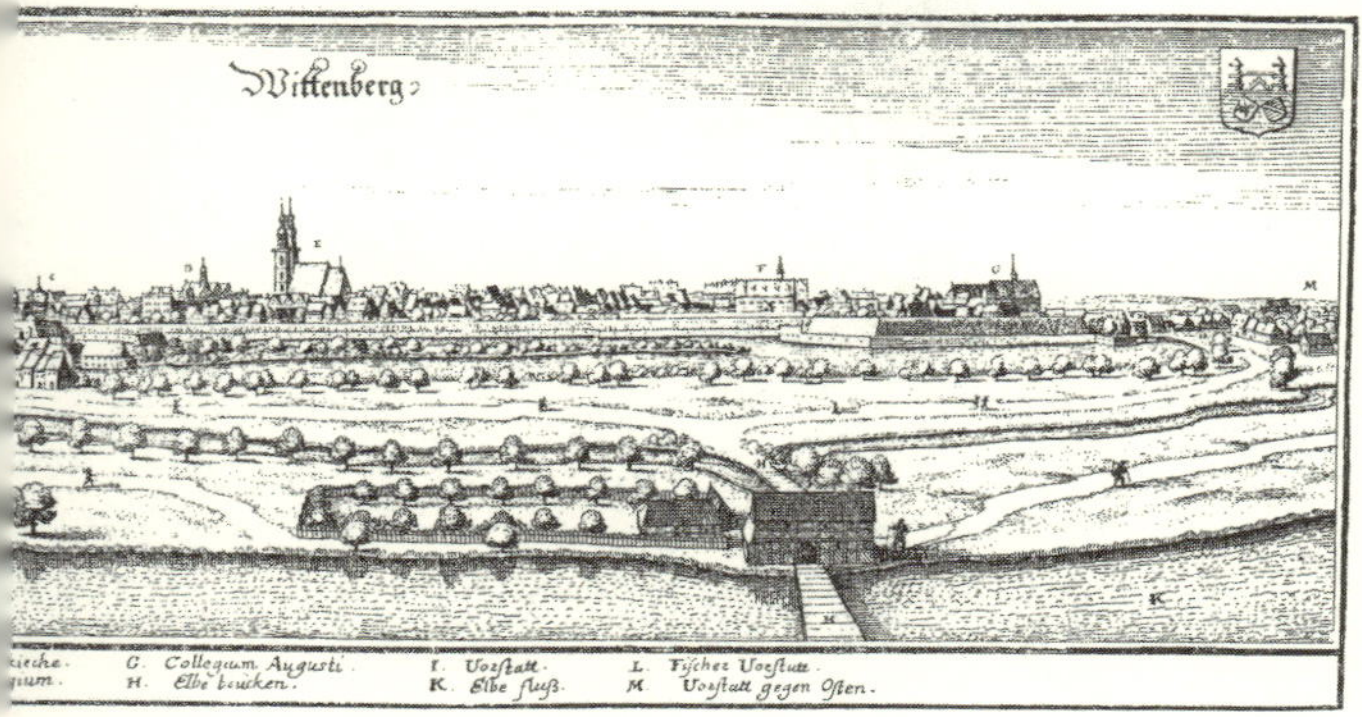

ルター時代のヴィッテンベルク

て彼らを飽き足らせる』という詩篇（七八・一五）の言葉を学んだ。それから博士マルティンは言った。人は神のわざを考え尽くすことも、これについて十分語ることもできない。神のわざはただ信じられねばならない。このことは、藁が何の役に立つか、このことを考えてみればよく分る」。

　奇跡のわざについてルターは次のように言う、「わたしたちは穀粒が毎年土地から生えることに慣らされている。このような習慣のため、このことに気がつかない。それほどわたしたちの目は眩まされている。というのは、わたしたちが見聞するものを、もはや奇跡と思わないからである。しかしこのことは大いなることである。このことを正しく語らねばならないとすれば、神が砂や石から穀粒をつくり出す

ことは、神が七つのパンをもって多くの人々に食べさせることよりも、はるかに大いなる奇跡であろう」（WA二二、一二一、五―一〇）。

「わたしたちの家、屋敷、田畑、その他すべてのものは聖書の福音に満たされている。なぜなら神はその奇跡のわざによって説教するばかりでなく、わたしたちの目を開き、わたしたちの感覚に触れ、そしてわたしたちの心を照らすからである」（WA四九、四三四、一六―一八）。

「かつて生じた奇跡はすべて今日に至るまで信仰によって生じている」（WA三、五四三、一〇―一二）。「奇跡のしるしは真の神を知るために役立たせねばならない」（WA一六、一〇三、三〇―三二）。

ルターは、堅い岩の上に生長する橄欖の木を見て「岩より出ずる蜜」という詩篇のことばを理解したと言う。自然界に生ずる平凡な事実も、信仰ある者には最も非凡な事実として現われる。なぜならそこには神の霊妙なわざが現われていることを見て取るからである。

博士ルターはいつか言った。わたしがいま経験し見たことを書き始めたとき、人々が神のことばの敵となり、ひどく神のことばに反抗していることをわたしが知っていたとすれば、わたしはたぶん沈黙したであろう。なぜならわたしは、教皇とほとんどすべての人を攻撃してこれらの人たちを怒らせるほど大胆ではなかったからである。彼らはただ無知と人間的弱さから罪を犯すだけであって、あえて神のことばを圧迫しようとしているのではないとわたしは思った。しかし神は、自分に向かって突進してくる人々が目に入らない駄馬のように、わたしを導かれた。

それから博士はこれに加えて言った。善いわざは滅多に知恵や熟慮によって企てられもしないし、行われもしない。むしろ迷いや無知によって行われるに違いない。それゆえわたしは髪の毛を掴まえられて教職や説教職のほうへ引っ張っていかれた。しかしいまわたしが知っていることをそのとき知っていたならば、わたしは、十頭の駿馬をもってしてもそんな職務へ引っ張られないだろう。モーセもエレミヤもこのようにして欺かれたことを嘆いた。それと同様に、誰でも結婚して世帯を持つとき、なさねばならないことをあらかじめ知っていたなら、誰が女を娶るだろうか。(四七二)

ルターは、説教職に召命されて改革者になったことを、人間の知恵ではなく神の知恵によって駄馬のように導かれたからだと言う。

「ここでわたしたちが神のことばとわたしたちの召命に反する誤った希望をもたないように注意せねばならない。誰でも橋を歩まないで、ただ神信頼のみで徒歩でエルベ河（註・ヴィッテンベルクに臨む）の上を歩くなら必ず溺死するだろう。これと同じように神のことばに仕えると言って、自己の説教職を軽んじ、神信頼のみによって論争し闘うならば、その人は愚かに議論し、その功績に応じて、自ら求めた危険の中で滅びるだろう」（WA四〇Ⅲ、一五五、二八―三三）。

ルターにおいて、召命という概念は、説教職に限らず、一般に他者に仕える役割を指すものであり、父、母、息子、娘という身分関係まで含められる。それゆえ職業という狭い意味に限られない（グスターフ・ウィングレン著『ルターの召命論』一七頁以下参照）。ルターは、洗礼の成就としてあなたの召命と職務を見よと言う。「もしわたしが神のことばを説くならば、わたしは神が嘉《よみ》したもうわざをなしているのである。あなたが父であり、母であるなら、イエス・キリストを信ぜよ。そうすればあなたは聖なる父であり、聖なる母である。毎朝、あなたの子どもたちに質問し、彼らに祈禱をさせよ。彼らを罰し笞で打て！　家事や料理法を考えよ。これは聖なるわざである、なぜならあなたはこれがために召されているからである。これは神のことばと召命に献身する聖なる生活であると言われる。何人も神に嘉せられることを知って生活すべきである。たとえその生活がどんなに軽蔑されようとも。僕婢、父母たることは、神のことばによって定められ、聖化され、神に嘉せられる生活形式である。このようにわたしたちが喜ばしい良心をもってわたしたちの召命にとどまるならば、あらゆる修道院を建てるよりも、あらゆる僧団を支持するよりも、多くのことをなしているのである。たとえそれがどんな些細な家事労働であろうとも」（WA四〇Ⅲ、一五五、一八―三三）。

これによってルターは、己が欲すると欲せざるとにかかわらず、むしろ己が無知のゆえに福音の宣伝者たる身分にされたと言うのである。それが召命の意味でなくて何であろう。

6　宗教改革の発端

博士ルターは、わたしが福音を説き始めたときはこの世がこんなに悪いものであるとは思わなかった、と言った。彼はさらに次のように語った。彼らが、このように数えきれない浪費と辛苦と労力を尽くして徒《いたず》らにすべてのことに堪えた後、教皇の蛮行と貧しい良心の憐れむべき圧迫と強迫から、また忍び難い酷使からついに解き放たれて、キリストの恵みによって得られた天の宝を持つことになったことを聞いたなら、彼らは喜びのあまり躍るであろうとわたしは思った。そのうえわたしが特に考えたことは、司教たちや大学が心から喜んで福音を受け入れるに違いないということであった。

しかし、なにが起こっているか。まさにこの福音の説教のせいで、いま彼らはわたしたちを踏みにじる。そのうえ聖職者や大学がわたしたちに最もひどい敵意を抱いている。またこの世の支配者である有能な最も高貴な人々も彼らと同様の態度である。ここでわたしたちは福音によってサタンとその手足である世を知らねばならない、すなわち、世がどのように善であり、敬虔であり、神聖であっても、サタンが神の敵であることをわたしたちは知らねばならない。わたしはこのことをまだいちども信じたことがなかった。またわたしは人の心の中にこのように神と神のことばをひどく軽蔑するものがあることを望まなかった。しかし福音が来るとき、福音は人の心を開いて、人の心が神のことばとその説教者と奉仕者を軽んじ迫害し、このようにして美しい天使が真っ黒いサタンになることを明らかにする。いまわたしはここで、教皇や司教や諸侯や貴族や市民や百姓がサタンに満たされているのを見る。なぜなら、これらの人々は神のことばの教えを受け入れないばかりでなく、故意にこの教えを軽んじ迫害するからである。

福音が私に届く前は、この悪魔的邪悪が人々の中にあるのを見たことがなかった、むしろこれらの人々はみな聖霊に満たされていると思っていた。しかしシメオンがルカ二・三五で、「人の心の中にあるもの、すなわち福音とその奉仕者に反対して最も有害な怨恨と狂暴と憤怒が認められる」と予言するように、キリストはその言葉によって多くの人の思いを明らかに顕わす。

このような暴露はわたしたちにときどき、教えとしても、慰めとしても示される。というのは、これによってわたしたちが、「これはなんと立派な君主であり、敬虔な市民であり、誠実な夫であろう」と言って驚嘆させられるほど立派に、賢明に、上品に、誠実に、神聖に思われる人たちが、このようなサタンになることをわたしたちが見て驚かないためであり、またそのように教えられるためである。それでもサタンがこの蒙昧と邪悪の中に深く入って来て、神のことばを受け入れないで、神のことばの敵となるのはどういうわけか。サタンはまた同様に神のことばを自分の思い通りに曲げたり延ばしたりする。これもどういうわけか。福音はここでその理由をわたしたちに教えて言う。すなわちまず第一に人の心の思いは隠されていた。しかしこの心の思いを顕わす者が来て、その者があらかじめこれをあばいて、自己のことも他人のことも知らない人たちが抱いている思いをことごとく暴露する。そのときこれらの人たちは光に照らし出され、黒白が明らかにされねばならない。人はそのとき、「この人は以前あんなに柔和な親切な人であったが、今はうって変って狂暴なサタンになってしまった！」と言わねばならなくなる。

第二に、これは慰めとしても役立つ。なぜならこの世は、神のことばを我慢しようとしない。もちろん、これを受け入れようともしない。それにもかかわらず、わたしたちはこの世を畏れ、まっしぐらにこの世に結びつこうとするのである。この世はこのように神聖な外観を装う。しかしこの世のあらゆる華美や神聖な外観や知恵や義は、神の前では完全に偽善であり、罪であり、呪われるべきものである。そればかりか、この世は善くない性質のものであるから、この世は決して自己の本性を改めない。それでわたしたちは、この世は悪党、神の敵、盗人、人殺し、つまりサタンで充満していることを知るようになる。さて、あなたが世の中で、健気なものや誠実なものを見、あるいは聞くなら、次のように言うがよい。「キリストがそこにいたもうなら、確かによい。しかしキリストがいたまわないなら、そこに修道僧の頭巾付外套であれ、円頭中剃りであれ、絞首縄であれ、僧衣であれ、その他どんなに大きな神聖なもの、敬虔なものがあろうと、そこには必ずサタンがいる。キリストがいたまわないなら、これらのものはこの世の前では相当偉いものかもしれない。しかし神の前では完全な蛮行である」。(四七三)

サタンとこの世は福音の宣伝を憎悪し圧迫し反抗し迫害する。それでも福音はサタンと戦って勝利する。これが宗教改革運動である。

神を畏れる者に対するサタンの憎悪は筆紙に尽くされぬほど狂暴であって、サタンは全世界をこの戦いの中へ駆り立てる。ルターは一五三〇年の詩篇講解、「すべての異教徒はわたしを囲む」（ルター訳詩篇一一八・一〇）において言う。「すべての異教徒という意味は少数者のキリスト者に比べると、絶対多数の異教徒のことを指し示すのである。これはこの世のすべてが神とみことばに反抗して立つのであるが、人間の反抗は神に対して全く無である。このことを明らかにするために詩篇二・一―二を『異教徒たちは荒れ狂い、王たちはキリストに逆らって反抗する』と訳す。ここで、もろもろの国民と国、一般に異教徒はすべて、他の諸宗教と神々に対して寛容であるというよりか、むしろ無頓着であるが、神のことばが来ると、たちまちこの世は反抗する。そして隅々から一時にあらゆる狂暴と憤怒が現われる。ここでもろもろの国民は『わたしを囲んだ』と言う。また『わたしだけが彼らによって囲まれねばならなかった』。ローマ人は幾百というこの世の神々をもつ、これらの神々はローマ人の気に入った。しかし彼らはひとりのキリストを好まなかった。今日でも事態はこれと同じである。すべての修道僧と売僧の教えがどのように醜悪であっても、彼らがこの世を骨までしゃぶっていたとしても、また人々の肉体とたましいを責苦にあわせていたとしても、すべての人々は彼らのなすがままに任せていた。しかし今や神のことばが来て、完全な平和と恵みを教え、彼らの圧制から解放すると、すべての人はこれに反抗して徒党を組み、これを侮辱し迫害せねばならない。なぜか。彼らはみことばをもつわたしを『囲ま』ねばならない。彼らはこれよりほかなにもなしえないからである。キリストが『もしあなたがたがこの世から出たものであったなら、この世はあなたがたを自分のものとして愛したであろう。しかし、あなたがたはこの世のものでない。かえって、わたしがあなたがたをこの世から選び出したのである。だから、この世はあなたがたを憎むのである』（ヨハネ一五・一九）と言われたとおり、サタンはわたしを追い回すのである。サタンは盾と武器をもって、思うままに人の心を死によって戦慄させ、人の意志を誘惑して罪を犯させる。わたしたちはキリストによってサタンとその力に勝つ。世に勝つキリストはサタンにも勝つ。なぜなら、わたしたちはキリストによってサタンの暗闇と誤謬と罪と死の国から解き放たれて、光と正しい認識と義と生命の国に移されたから、わたしたちはもはや地獄も恐れる必要はなくなったからであり、主なるキリストは地獄とわたしたちの他のすべての敵を虜とされたからである」（WA二三、七

一六、三三―七一七、一七)。

さらにルターは、この世がサタンの支配下で奴隷となっていることを説明する。「この世は決して自己の本性を改めようとしない。この世はこれを支配するサタンによってすべての悪に誘惑される。なぜならこの世は暗闇の国であって、光を必ず憎む。したがってこの世は神のことばを宣べ伝える者を憎み、これを迫害し、これを愚者として殺す」(WA一三、八九、一―五)。「この世はわたしたちからすべてを奪う。わたしたちの善きわざも、善き生活も無きものとする。しかしこの世は信仰をわたしたちの心に残さねばならない。信仰は最後の審判の日まで残る」(WA一〇I、一―三二三、二三―三二四、一)。

「神のことばはすべての贈物の中で最もすばらしい贈物である。これを奪い取る者は、この世界から太陽を奪う者である。というのは、神のことばなしには、たとえこの世に富める人や裁判官や医者やその他のものがいても、この世は地獄以外の何であろうか。神のことばなしにこれらの人々は何をなしえよう。というのは、みことばのみが良心を喜ばせ、恵みの神と完全な宗教(なぜなら真の宗教はあたかも泉のように、みことばから流れ出るからである)と、いな、全世界を維持するからである。またこの世はみことばなしに、またキリストなしに瞬時も存続しえないからである。たとえこの世の生活もひとつの生活であると言われようとも、人はどこでみことばを欠くことが許されようか。これは霊的な事柄である。天から啓示された知恵である。この知恵がわたしたちの心に生長しないなら、これは捕え難い真理である」（WA四〇Ⅲ、七五、三四―七六）。

しかし「この世を好んで軽蔑する人は、人々から離れてひとりで生活する人ではない。また自己の生活を棄て、一般に実務生活から遠ざかる人も金銭欲から解き放たれている人ではない。むしろ生活の只中にあって、生活とその悦楽に呑み込まれない人が真に自由である」（WA二〇、一一、二七―三〇）。

博士マルティン・ルターは言った。わたしがまだ修道僧であったとき、教会で読んだり、書いたり、説教したり、歌ったりすることに多忙であったので、定められた時禱を祈ることができなかった。それで一週のうち六日間、時禱を祈ることができなかったときには、土曜日をそれに当てた。その日は昼食をやめて、夕刻まで一日中、祈り続けた。わたしはこのように教皇の訓令や規則でいじめられた憐れむべき人間であった。（四七四）

それから博士マルティン・ルターは談話を始めて、こう言った。福音がわたしに理解されはじめた頃であったので、また定められた日々の祈りがたくさんの用事のため行われずに中止されていたので、わたしは非常に心苦しく思っていた。わたしは土曜日には自らを独房に閉じこめ、その週の間、怠っていたことをすっかり片付けた。しかしとうとうわたしは多忙と肉体の衰弱のために苦しめられ、妨げられて、これらの仕事を片付けることができなくなった。それからアムスドルフ君と同じように、他の人たちがこのような祈りを嘲笑し軽蔑したので、わたしはこれを中止した。というのは、これはわたしにも実行できないようであったからである。このためわたしは絶望してこの祈りを止めたのである。さらにルターは言った。この祈りは非常にひどい拷問だ。足枷をはめて苦しめる刑罰のようなものだった。わたしたちは福音によってこれらの責苦から救い出されたのだ。そしてわたしたちが福音による善以外の善をなさなかったとすれば、人々はこのことをわたしに感謝せねばならなかったのだが。これがどんな拷問であったか、いかばかり厭わしい不快なものであったか誰も信じる者もないほどであった。(四七五)

わたしが最初教皇に譲歩し過ぎたことを悪く考える者は、わたしがその当時どんな邪悪の中にいたかを考えてみるがよかろう。教皇制の下にいなかった者には反キリスト者に対する警戒も教訓も全く必要でないだろう。しかし教皇制の中にはまりこんでいた者は、このことを若い人たちに熱心に想い起こさせる必要があるだろう。（四七六）

福音の光に照らされていない修道院の規則の実行、ことに祈禱はルターには拷問であり、責め道具にすぎなかった。ここでまず彼は教皇制の誤謬を指摘する。

「教会は誤謬を犯さないと言う教皇制の虚言に迷わされている者は少なくない。しかしあなたはこれに答えねばならない。教会は誤謬を犯したり失敗したりすることがある。なぜなら教会は一つの場所もしくは一つの団体に集合されえないからだ。世界のあちこちに分散されている教会が、公同のキリスト教会である。教会はしばしばあなたが思いがけなかった所に見出されることがある。それゆえ主キリストのみが誤謬を犯さない。しかしキリスト教会は誤謬を犯すことがある。というのは、わたしたちは教会が教皇によって提出された聖餐のただ一種類の形態を採用し、これを是認し、しかもこれに反対も抗議もしないことにおいて、キリスト教会は誤謬を犯すことを見聞しているからである。あなたは、このために教会は神聖だと信ずるなら信ずるがよい。しかしわたしはこのために教会を信頼しない。なぜならわたしは教皇制の下にある教会においてその例証を見るからである」（WA四六、七七二、八―二三）。

次に祈りについてルターは言う。

「祈りはキリスト者でなければなしえない信仰のわざである。祈りはキリスト教会の最高の務めであり、この務めにおいて神はわたしたちに語り、わたしたちは祈りにおいて神に語るのである。信仰は祈りである。なぜなら信仰は絶えず神の恵みを期待するからである。信仰が神の恵みを期待するなら、信仰は心から神の恵みを祈願する。この祈願こそ真の祈りである。サタンはこのことをよく知って、この祈りを妨げるために、わたしたちに華麗な教会堂を建立させ、多額の金銭を寄付させ、笛を吹かせ、歌をうたわせ、頻繁にミサを守らせ、際限なく華々しい儀式を行わせる。このようなことはサタンには苦痛にはならない。サタンはこのようなことを最善のこととして尊び、わたしたちがこのために善き準備をするように助ける。信仰から生まれる真の祈りを衰えさせることが、サタンの求める所である。人に祈ることを勧めるとき、心を不潔から守れ！　不潔な思いでは祈る余地がありえない。しかしそれでも祈れ！　心に不潔な思いがすっかり無くなるまで祈らずに待とうと考える人は、己が知恵と力によってサタンの奸智をますます強めるにすぎないからである。

信仰なき祈りは祈りでない。というのは、神のもとに多くの善があることや、神が祈る者の祈りを聞き届けることを信じないような人がどうして祈ろうとするだろう。信仰なくして祈る人は神を侮辱するか、神に絶望するか、いずれかであるからだ。キリスト者は神を真実と認め、神を信じるために、祈りが確かに聴かれることを知らねばならない。人はそれゆえあらゆる場所、あらゆる時に祈らねばならない。祈りは全会衆が心を一つにして互いに祈り合うときほど力強いものはない。地上のキリスト教会は、その躓きとなるものに対して、このような共同の祈りよりも大いなる力をもつわざを知らない。神は自己のうちに罪があることを感じないような人の祈りを好みたまわない。なぜならこのような人は何を心に願うているか自ら理解していないからである。

あなたは祈りの本を読んでよい祈りを学ぼうとするかもしれない。しかし祈りはすべて書かれたことばではなく、心の中から湧いて出なければならない。心が燃えるに従って、おのずからことばにならねばならない。心の祈りなしには唇の祈りは無益な呟きに終わる。口の祈りが軽んじられてはならないと同様に、心の祈りも配慮すべきである。使徒は『わたしは霊で祈ると共に、知性でも祈ろう』（Ⅰコリント一四・一五）と言う。祈りが真剣であり熱烈であるなら、神の前に描く口ごもるわたしたちのことばなど人に聞かせなくともよいだろう。祈りの仕方はことばを少なくし、多くのよい目的と深い思いを含めることである。ことばが少ないなら、それだけよい祈りである。少ないことばと多くのよい目的がキリスト者の祈りである。多くのことばと悪い目的は異教徒の祈りである」（WA二、八一、一三―一六）。

ルターはここで、修道院的祈禱と福音的祈禱の相違を若い人たちに知らせる必要があると思っているのであろう。

7　テッツェル

テッツェルは取り押えられねばならないほどひどいことをやった。というのは、彼は免罪符が神と人との和解であると教え、また書いたからである。また免罪符は人がまだ悔悛もせず、悲しみもせず、あるいは賠償もしないときでも同じように効力があり、また適用されると言う。

それればかりか、処女マリヤを陵辱する罪を犯したとしても、教皇はその犯人をゆるすことができるばかりでなく、今後なされる未来の罪もゆるすことができると言うのである。それと同じように、教皇が建立した免罪の十字架は、主イエス・キリストの十字架と同じであり、同じ効力をもつと言う。これに対してわたしが反駁を書いた動機は、ひとりの人のためでなく、あるいは金銭のためでもなく、このような、またこれに類する蛮行のためであった。（四七七）

　誇張した華やかな言葉で虚偽を明らかに断言したテッツェルの神冒瀆が語られた後で、博士マルティンは言った。わたしたちは甚だしい蒙昧と神冒瀆の中にはまり込んでいる。わたしたちは福音によって、神の純粋な恵みによって救われているために、わたしたちの側でも福音に対してその恩を忘れ、全く飽き足りているため、恐るべき神冒瀆と忘恩のために神の怒りを招いている。ああ、神よ、わたしたちの罪によってわたしたちを罰しないでください！　わたしたちが自分で自分を改善することができるようにお助けください！いま、わたしたちが忘恩のために引き出されて、厳しく笞で打たれるならば、わたしたちはすぐわたしたちの損害から回復されるであろう。わたしたちの敵はこのために突き落されて大地に倒されねばならない。なぜなら彼らは甚だしい神冒瀆をやっているからである。（四七八）

　免罪符に関するわたしの最初の宣言が教皇の前に到着したとき、教皇は、「酔っ払いのドイツ人がこれを書いたというのか。酔いがさめたら、考えも変わるだろう」と言ったそうだ。このように教皇は何人に対しても必ず嘲笑と軽蔑を加えた。（四七九）

ドミニコ会の説教修道僧ヨハネス・テッツェル（一四六五―一五一九年）は、ルターが聖書の博士になった頃（一五一二年）、すでに免罪符を販売していた。その当時ルターはまだ免罪符が何であるか知っていなかった。しかし彼は、免罪符を買って金銭で恵みを獲得するよりも、もっと確実な善い行いをすることができると慎重に説教していた。というのは、ヴィッテンベルクの城教会とその付属修道院には選帝侯フリードリヒ大公によって集められた多数の聖人の遺物が宝として収められ、北ドイツ唯一の巡礼の場所であり、したがってすばらしい収入の源泉にもなっていたからである。それゆえ大公はルターの免罪符反対の説教を好まなかったのである。ルターは、九十五箇条を貼り出すちょうど一年前、一五一六年十月三十一日、ヴィッテンベルク城教会で免罪符に反対する説教をし、その態度を明らかにしていたが、一五一七年二月二十四日の説教でもっと鋭く反対した。

テッツェルはかつてひどい素行のため、皇帝マキシミリアンからイン河で水死刑を宣告されたが、インスブルックでフリードリヒ太公によって水死刑用の袋から救い出された男である。このテッツェルが免罪符の販売のとき野卑な説教をして金銭を集めたことは、ルターの「ハンス・ヴォルスト反論」（一五四一年）の中にも書かれている。テッツェルは市場で大声

郵便はがき

料金受取人払郵便

小石川局承認

6313

差出有効期間
2026年9月
30日まで

112-8790

105

東京都文京区関口1－44－4
宗屋関口町ビル6F

株式会社　新教出版社　愛読者係
行

<お客様へ>
お買い上げくださり有難うございました。ご意見は今後の出版企画の参考とさせていただきます。

ハガキを送ってくださった方には、年末に、小社特製の「渡辺禎雄版画カレンダー」を贈呈します。個人情報は小社、提携キリスト教書店及びキリスト教文書センター以外は使用いたしません。

●問い合わせ先 ： 新教出版社販売部　tel　03－3260－6148
email：eigyo@shinkyo-pb.com

今回お求め頂いた書籍名

お求め頂いた書店名

お求め頂いた書籍、または小社へのご意見、ご感想

お名前	職業

ご住所　〒

電話

今後、随時小社の出版情報をeメールで送らせて頂きたいと存じますので、
お差し支えなければ下記の欄にご記入下さい。

eメール

図書購入注文書

書名	定価	申込部数

テッツェル

で叫んで商品を売る人のように免罪符を販売する。そうするとヴィッテンベルクの人々はさらにユタボークやツェルプストの方まで、これを買いに走る。免罪符はあらゆる罪の免許状として解釈され、どんな罪でもゆるす効力をもつものであると考えられた。ルターはこれらのことを彼の懺悔者のうちで最も悪評のある者から聞いたのである。それから一五一七年の秋、免罪符の説教者のために書かれたマグデブルクの大司教の紋章入りの指導書がルターの手に入ったので、テッツェルの免罪符の説教がこの指導書によっていることも明らかになった。今やルターは沈黙しておれなくなり、説教者としての義務を果たすため、一五一七年十月三十一日、ヴィッテンベルクからマインツの大司教アルブレヒトに手紙を書いた。この手紙の要所を引用しよう。

「聖ペテロ教会堂建設のため、教皇の免罪符が選帝侯の名で国内に販売されている。わたしはここにわたし自身がまだ聞いていない免罪符の説教者の大きな叫びのために訴えるのではない。わたしは単純にして粗野な憐れむべき民衆がこのように間違った解釈を下し、あの説教者どもがつねに市場で大声で叫んでいるあの誤った解釈のために訴える。というのは、不幸なたましいは免罪符を買い求めさえすれば、自己の救いを確かなものにできると信じているからである。さらに、人が煉獄のたましいのために賽銭箱の中へ金を入れたとたんに、そのたましいが煉獄から出ると信じているからである。さらに免罪符の恵みは、赦されえない大罪も無くするほどの効力をもつ。また彼らの言うところによると、神の母を辱しめる罪をさえ赦す効力があると信じている。結局、彼らはこの免罪符によってすべての苦痛と咎から解き放たれて自由になると信じているからである。ああ、いとも尊き父よ、あなたの配慮に任せられたたましいは、このようにして死に委ねられ、あなたがこれらすべてのたましいに対して果たさねばならない重い責任は、ますます増し加わる。なぜなら何人も、神の恵みの贈物によって救いの確かさに達しないなら、どんな司教の贈物によっても己が救いを確かにされないからである。むしろ使徒はわたしたちに『いつも恐れおののいて自分の救いの達成に努めなさい』(ピリピ二・一二)と勧める。また『義人でさえ、かろうじて救われる』(Ⅰペテロ四・一八)と言う。終わりに、生命に至る道は狭く、かつ細い。それで主が預言者アモスによって、『あなたがたは炎の中から取り出された燃えさしのようであった』（アモス四・一一）と言わせ、またゼカリヤによって、『これは火の中から取り出した燃えさしではないか』（ゼカリヤ三・二）と言わせられたように、救われる人たちは火の中から取り出された燃えさしと呼ばれるのである。このように主はつねに救いのむずかしさを強く説かれる。

彼らはそれでもなぜ免罪符の虚構と約束によって民衆を安心させ、神へのおそれを無くさせるのか。免罪符はたましいの救いや聖化に少しも関係がない。むしろそれは教皇令によって課される外的な苦痛を除くだけのものである（免罪符は元来、司祭から課された単なる刑罰の免除であり、このような免除は咎そのものとなんの関係もなかったのである）。

終わりに、神の祝福と愛のわざは免罪符よりも無限に善いものだ。それでも人はこのわざを、このように華やかにまたこのように熱心には説かない。むしろこのようなわざの説教は免罪符の説教のために沈黙させられている。それでも民衆が福音とキリストの愛を学ぶように配慮することはすべての司教の高尚な唯一の職務である。キリストはどこにも免罪符の説教を奨励しておられない。むしろ福音の説教を強く推薦しておられる。このことは司教にとってなんという恥辱だろう。そればかりか、もし司教が福音のため一言もいわないとすれば、また民衆の中に免罪符の騒ぎのみを惹き起こしているとすれば、また福音に心をとめるよりか、免罪符の騒ぎのみに心をとめているとすれば、それは司教にとってなんという危険なことだろう！　キリストは司教に対して『あなたがたは、ぶよはこしているが、らくだはのみこんでいる』（マタイ二三・二四）と言われないだろうか。そうだ、主にある至尊なる神父よ、あなたの名において発行された免罪符委員会の訓令には疑いもなく、あなたの知る知らぬにかかわりなく、またあなたの意志にかかわりなく、『この尊い神の贈物は最も高貴な恵みの一つであって、これによって人は神と和解し、煉獄のすべての刑罰が贖われる』と言う。また『免罪符もしくは懺悔の特権を獲得する者は悔悛も受苦も必要としないだろう』と言う。至尊なる司教にいらせられる選帝侯閣下よ！　あなたがこの事件にあなたの父的配慮と注意を払う価値ありと認め、上述の小冊子を完全に撤回し、免罪符の説教者に対し、他の方法を勧められることを、わたしは主イエス・キリストによって閣下に請願する」。

ルターは、おそらく大司教がこの手紙を無関心にもしくは不機嫌に押し退けるだろうと予感していた。しかし迷えるたましいは困難の中から助けを求めて叫んでいる。それゆえルターは免罪符について彼の意見を少なくとも学者の間に公開しようと決心した。これが九十五箇条の提言であった。

免罪符についてルターの言葉によって要約すれば、「貧しい者に与え、乏しい者に授ける者は、免罪符を買うよりも善いことをする。キリスト者は誰でも正しく悔悛するとき、刑罰の答えから完全にゆるされる。罪に対する正しい悔悛は愛において生ずべきものである。悔悛が愛において生じないなら、それは悔悛ではない。免罪符によって慰められ、これに頼って死に、または生きている者は、このために主イエス・キリストを棄て、彼を忘れ、彼を拒み、彼によって慰められることができない。なぜならイエス・キリスト以外の者によって慰められる者は、彼によって慰められることはできないからである」（WA三〇Ⅲ、三〇九、八―一二）。

8　アウクスブルク（一五一八年）

博士マルティン・ルターは、一五一八年にアウクスブルクでどんなことが起こり、ここで教皇の特使が彼とどのように会談し、どのように彼を扱ったかを語った。彼は次のように続けて語った。最初にわたしが呼び出され召し出されたので、まずわたしが姿を現わした。しかしわたしはザクセンの選帝侯フリードリヒ大公の強力な保護の下にいた。大公はアウクスブルクの人たちに書面でもってわたしを委託していたので、彼らはわたしを熱心に世話してくれた。そして「イタリア人たちと交際してはならない。彼らと一緒になってはならない。また彼らと親しくなってはならない」とわたしに警告した。というのは、イタリア人がどんな人間か、わたしはまだ知らなかったからである。

わたしは皇帝の保護状なしに三日の間、アウクスブルクにいた。その間、ひとりのイタリア人がわたしのところに来て、わたしを枢機卿のところへ呼び出して、熱心にわたしに取り消せと言って頼んだ。そして、あなたが「取り消します」とひとこと言いさえすれば、枢機卿はあなたのことを教皇に推薦する、そうすればあなたは名誉を損うことなく選帝侯の所に帰れるであろうと言った。

三日経ってトリエントの司教が来て、皇帝の名によるわたしの保護状を枢機卿に示した。そこでわたしは恭順を示すべく枢機卿のもとに行き、まず跪き、そして平伏し、三度目は土下座した。枢機卿は三たびわたしに起きよと言った。そこでわたしは起立した。これが彼には非常に気に入ったようだった。そして彼はわたしに、もっとよく考慮するようにと希望した。

しかし翌日、わたしは彼のところに行って、少しも取り消そうとは思わないと言うと、彼は言った、「教皇がドイツのことを憂慮しておられることをお前はなんと思っているのか。諸侯が武器と軍隊をもってお前を守るだろうとお前は考えるのか。とんでもない！　お前はどこにいるつもりか」、「空の下に！」とわたしは言った。このようにして教皇の名誉と権威は軽蔑された。このようなことは教皇にとってはまことに死よりもつらいことであった。今や彼らは我慢することができなくなった。

その後、教皇はやや軟化し、選帝侯、宮廷説教者シュパラティン修士、御料局顧問官ペフィンガー修士にも手紙を書いて、わたしを教皇に引き渡し、教皇の命令が実行されるように考慮してもらいたいと依頼してきた。選帝侯には次の意見を添えていた。すなわち「あなたご自身はわたしをご存じではないが、わたしはあなたの父上、エルンスト大公にローマでお会いした。父上は全く従順な教会の子であった。いとも敬虔に、わたしたちの宗教を見にこられ、これに非常な敬意を払われた。だから閣下も父上の足跡を踏襲されることを願う」云々。

しかし選帝侯は教皇の異様な謙遜とその後ろめたい様子を看破した。教皇も聖書の力と効果を知っているのだろう。なぜなら、わたしの決意と小冊子が世界の三分の一を占める全欧洲に数日ならずして伝わった、というより、むしろ飛んで行ったからだ。そのため選帝侯は勇気づけられ、教皇の命令を実行しようとせず、聖書の教えに従ったのである。

枢機卿にもっと分別があり、アウクスブルクでもっと謙遜にわたしと交渉し、談判していたなら、そして、わたしが彼の足下に跪いたときにわたしの言葉を聞き入れていたなら、決してこのようなことにはならなかっただろう。なぜなら、この頃のわたしはまだ教皇の誤謬を僅かしか知らなかったからである。枢機卿がもし沈黙していたら、わたしも何もいわずに沈黙していただろう。

「われわれはこの件を教皇の権力によって処理し、これを徹底的に根絶させてしまおう」と教皇が言ったのは、まだはっきりしない紛糾した事件について教皇庁がいつも用いる常套手段だった。その後、双方とも泣かねばならなくなった。教皇は当時の状況をなんとか収めるために、三人の枢機卿を送り出したのだろう。（四八〇）

免罪符に関するルターの抗議はローマ教会の弱点を衝いた。「修道僧の口論」を穏便に調停するように希望していた教皇レオ十世はドミニコ会の人々に勧められて、ルターが自己の教えを弁明するため六十日以内にローマに出頭することを命じた。彼の国君の選帝侯フリードリヒ賢公（一四六三―一五二五年）は異端者の引渡しを依頼されたのであるが、彼はルターにとってこの上なく危険なローマへの召喚を変更して、一五一八年秋のアウクスブルク国会で教皇庁の利害を代表する教皇の使節として出席する枢機卿カエタヌスの前にルターを召喚するようにした。ルターは恐怖もあったが、死を覚悟の上で、自説を取り消さない固い決心をもってアウクスブルクに旅立った。一五一八年十月十二日彼は大勢力を振るっている枢機卿の前に立った。カエタヌスは彼の誤謬を取り消せと要求し、これ以上もはや教会の平和を乱してはならないと命じた。しかしルターは、教会の唯一の宝は神の自由な恵みからくる福音であると言って一歩も譲らなかった。二日の後、カエタヌスは結論のない対談を中止した。「わたしはこのドイツの人でなしとこれ以上長く語りたくない。なぜならこの人でなしは深い目をもっていて、頭の中で不思議な思索をするからである」とカエタヌスは言う。十月二十日の夜、ルターは友人によってひそかにアウクスブルクから連れ出された。九十五箇条を貼り出してからちょうど一年後の十月三十一日、煩わしい乗馬旅行によってヴィッテンベルクに到着した。

カール・フォン・ミルティッツという高慢な男は父の遺産を六千グルデンで売って、しきりに高位を欲しがった。イタリアに渡り、そこで収入の多い僧禄と司教座聖堂付参事官の地位を獲得した。そしてわたしを捕らえて教皇に引き渡そうとした。彼は教皇が選帝侯フリードリヒに贈呈した黄金の花飾をローマから運んだ。しかしマインツ司教の特使にな

ったとき、ライン河で哀れにも溺死してしまった！（四八一）

ザクセンの貴族出身のカール・フォン・ミルティッツ（一四九〇―一五二九年）は、一五一四年以来、教皇庁の公証人であり、名称だけの年少侍従であった。彼はザクセン侯の法律顧問として聖徒の遺物を買う役をつとめ、ルターの問題について外交上の失敗後もマインツとマイセンの大聖堂参事会員として勤務した。

カール・フォン・ミルティッツはわたしをローマに引き渡すために、選帝侯フリードリヒに黄金の花飾をもっていった。彼はわたしに会ったとき大声で言った、「ほう、あなたがこんなに若い方とは思いませんでした。あなたはよぼよぼの老人で、あなたに賛成する者は誰もいないと思っていたのです。たとえわたしに二万五千人のスイス傭兵がいたとしても、あなたをローマへ連行することはできないでしょう」。

カールシュタットはライプチヒの討論で、わたしがまず先に討論し始めることを許そうとしなかった。わたしが彼よりも先に名誉を奪いはせぬかと心配していたのだ。わたしは喜んでこの名誉を彼に与えていたのだが。しかし彼は名誉の代りに恥辱を受けた。なぜなら彼はあわれな不幸な討論者であった。彼は非常によい論題をもっていたが、混乱した頑固な頭の持主であった。しかし彼はとうとう、教皇の首位権とヤン・フスに関するエックの主張を攻撃することと、反対の討論をすることを、わたしに委ねた。エックは自負心の強い恥知らずの躾の悪い男であるが、それでもわたしにゲオルク大公による護衛を許した。それでわたしは彼と討論したいと思った。さらにわたしはカールシュタットの庇護を受けてライプチヒへ行くことができた。

カールシュタットとペトルス・ルピヌスは、最初に福音が始まったとき、わたしの最も烈しい妨害者であった。しかしわたしが彼らを討論で説き伏せ、アウグスティヌスの著書によって彼らを論破した。彼らもアウグスティヌスの著書を読んでいたので、彼らはこの問題についてわたしよりもはるかに過激になった。しかしカールシュタットは恥ずべき傲慢のために失敗した。（四八二）

一五一九年六月、ライプチヒでエックと討論したとき、カールシュタットとルターの二人が呼び出されたが、ルターにはゲオルク大公の護衛がつけられなかったので、ただの傍聴者

四一五年七月六日、彼はコンスタンツの宗教会議で異端に問われて焼き殺された。

教皇庁がルターに対してもフスと同様の処刑をしようとしていたことは言うまでもない。しかしルターはフスとボヘミア事件について批判的であって、フスの書物に誤謬のないことは認めるが、彼の信仰箇条を正しいとは認めていない。またボヘミア人のようにフスを聖人とも殉教者とも思っていない。しかしフスを不当にも弾圧したことを非難する。

「フスがどんなに悪い異端者であったとしても、火刑に処せられることは正しいことではなく、神の掟に反する。ボヘミア人はこのような不当に屈してはならない。神は異端者にも護衛をつけることを命じられる。わたしたちは世界が滅びても神の命令を守るべきである。異端者を釈放することは言うまでもないことだ。それゆえ異端者を征服するためには書物をもってせねばならない。教皇庁がするように、火をもってすべきではない。もし火をもってこれで学問する必要はなく、暴力で他人を征服する者が、他人を火刑に処してもよいことになる」（「ドイツ国民のキリスト者貴族に与う」24ボヘミア事件参照）。

またワルトブルク城に至るまでのルターに対する教皇側の奸策は、フスの場合を前例としようとする気配さえ垣間見える。ルターもこのことを予感し、フスの二の舞を警戒し、その態度は慎重であった。フスは上述のようにウィクリフの信条を自己のものとし、教会が使徒的貧しさに帰るべきことを主張し、免罪符や十字軍の説教に反対し、宗教的・国民的理由から熱心に教会の改革を迫ったため、たちまち危険な敵をつくった。プラーハの大司教は教皇アレキサンダー五世の教書によって彼の説教を禁じ、彼の異端の書を焼き棄てることを命じた。フスの教会改革の思想はすでにボヘミアとメーレンに地盤を固め、プラーハの市民は熱心に彼の味方をしはじめたので、ジギスムント王はフスにその教えを宗教対談で弁明させるため、王の護衛をつけてコンスタンツの宗教会議に出頭することを命じた。フスは王の護送状を信じてコンスタンツに向かったが、直ちに異端者として訴えられ、逃亡の嫌疑で逮捕され、教えの取り消しを命ぜられた。しかし彼は頑強にこれを拒否したので、残酷極まる拷問を加えられてから、死刑執行人どもは彼の髭から滴り落ちるほど油を彼の上に注ぎかけた。彼は祈りの中に歌をうたいながら火刑の薪の山にのぼった。このようにして彼の教会改革の叫びも、刑場の火と煙の中で押しつぶされてしまったのである。

9 アウクスブルクよりウォルムスまで

博士マルティン・ルターは続けて言った。人々は一五三〇年のアウクスブルクの国会でなぜわたしたちの言うことを聞かなかったのか。それはわたしたちが沈黙しなかったからだと思う。人々がわたしを護送しなくなったとき、わたしがどのようにしてウォルムスに姿を現わしたか、それはよく知られている。すなわちウォルムスでわたしに起こったことは次のとおりである。使者が(一五二一年の)復活祭の前週の火曜日にわたしを呼び出し、皇帝の護衛と多くの諸侯の護衛を連れて来たが、翌日、水曜日に間もなくこれらの護衛は取り除かれた。それから人々はわたしを糾弾し、わたしの著書を焼いた。そこでわたしがエアフルトの方へ行ったとき、わたしがウォルムスでどのように糾弾されたか、それを知らせる使者がわたしのもとに到着した。言うまでもなくウォルムスばかりでなくすべての都市でわたしに反対する札が公然と貼られた。その使者は「あなたはそれでもウォルムスに行くつもりか」と尋ねた。

　わたしは恐れおののいたが、それでも使者に答えて、「たとえウォルムスの屋根の上の瓦の数ほど多くの悪魔がいようとも行こう」と言った。わたしがウォルムスの近くのオッペンハイムにまで達したとき、ブツァー修士が来て、わたしに忠言して、町に入ることをやめよと言った。というのはオッペンハイムで、皇帝の聴罪師のグラピオンがブツァーの所に行って、わたしが町に入ると焼き殺されるから入るなと、わたしに警告させたからである、さらに、わたしが近くの騎士フランツ・フォン・ジッキンゲンの所に滞在したほうがよい、フランツはわたしを歓迎してくれるだろうとわたしに忠言させた。

　悪党どもは、わたしがウォルムスに姿を現わさないようにするために、このようなことをたくらんだのである。なぜならわたしがこのままの状態で三日間、頑張っておれば、わたしの護送は中止されるだろう。そうすれば彼らは門を閉じ、わたしを審問しないで、力ずくで糾弾するだろう。

　しかしわたしは全く平気でどんどん進んで行った。町が見えてきたので、わたしが到着したことをシュパラティンに手紙で知らせた。そしてどこで宿をとってよいかと尋ねた。

彼らはわたしが思いがけないときに到着したのでびっくりした。なぜなら彼らは、わたしが恐怖のため、また悪だくみのために妨害されて、郊外にいるのだろうと思っていたからである。

しかし二人の貴族、フォン・ヒルシュフェルト侯とハンス・ショット侯がわたしを迎え、ザクセン選帝侯の命令に従って彼らの部屋へわたしを案内した。しかし他の諸侯は一人もわたしのところに来なかった。わたしのところに来た伯爵たちと貴族たちはわたしを念入りに見て、教皇陛下に反対する四百箇条をわたしに渡し、厄介な問題が片づくように祈った。そうでないと彼らは自身でこれを片付けねばならなかったであろう。彼らはわたしの福音によってこういう問題からすっかり救われているが、百姓たちは恩を忘れて福音を攻撃している。

教皇は、わたしに護衛をつけないように皇帝に手紙を書いていた。すべての司教はこれに賛同した。しかし諸侯と各階級の人々は同意しようとしなかった。というのは、そのために大騒ぎになるかもしれなかったからである。そのためわたしは評判になった。というのは、わたしが彼らを恐れるよりも、彼らの方がわたしをいっそう恐れねばならなかったからである。まだ君主であったヘッセン方伯フィリップがわたしの言うことを聞こうとして、やって来た。そしてわたしと話した。彼は終わりに、「博士殿、あなたの言われることは正しい。どうぞわたしたちの主である神があなたをお助け下さるように！」と言った。

わたしはウォルムスに到着すると、すぐグラピオンに宛てて手紙を書き、彼の都合のよいときに、また彼にその意志があれば、わたしのところへ来てくれるように頼んだ。しかし彼は、「それは無駄なことだろう」と言って応じなかった。その後、わたしは呼び出されて議事堂に集まった国会評議員の前に出た。そこには、皇帝や選帝侯や侯爵が相並んで集まっていた。トリーアの司教エッケン博士が口火を切ってわたしに言った、「あなたがここに呼び出されているのは、これらの著書があなたの書物であることをあなたが認めるかどうか、そのことをあなた自身に答えさせるためである」（机の上にはわたしの書物が並べられてあった。そして彼はわたしにこれらの書物を指した）。そこでわたしは「わたしの書物だと思う」と言った。しかし博士ヒエローニムス・シェルフがすぐ、「書物の名をまず読め」と言った。それでわたしは「そのとおり、これらの書物はわたしのものである」と言った。書名が読み上げられた。

次にエッケンはわたしに尋ねた、「あなたはこれを取り消そうと思うか」。わたしは答えた、「めぐみ深い皇帝陛下よ、わたしの著書のうちにはわたしが敵を攻撃している論争の書もある。またそのうちには教理の書もある。これらの書をわたしは取り消そうと思わない。また取り消すこともできない。なぜならそれは神のことばだからである。しかしわたしの論争の書の中で或る人にあまりに烈し過ぎ、その人に厳し過ぎたとすれば、わたしは忠告を聞こう。それだからわたしに考え直す猶予を与えられたい」。

翌日わたしは司教たちやその他の人々によって呼び出され、わたしが取り消すことについてこれらの人たちと交渉することになった。そのときわたしは言った、「神のことばはわたしひとりのことばではない。それゆえわたしはこれを棄てることはできない。しかし神のことばに関係ないことには、喜んで服従しよう」。そのときブランデンブルク方伯ヨハンは、「わたしが理解するところでは、聖書に関することは例外として、あなたが忠言してくれと言われることは、あなたの意見である」と言った。「そのとおり、わたしもそのように願う」とわたしは言った。

そこで彼らはわたしを皇帝の権威に委ねようと言った。しかしわたしはそれを欲しなかった。彼らは言った、「この問題を真剣に扱う人たちがキリスト者でないとでも言うのか」と。それに対してわたしは言った、「しかしわたしは聖書をぶちこわしたり、傷つけたりしないで、聖書を抑圧することなくこれを保有したい。なぜならわたしは、わたしのものでない聖書のことばを棄てることはできないからである」。これに対して彼らは「あなたはわたしたちに委せるがよい。彼らの決議は正しいのだから」と言った。しかしわたしはこれに反対して言った、「いま護送のことでわたしをこのように糾弾しようとした彼らが、どうして彼らの心にもないことをわたしのために決議するか、わたしは彼らを信頼しない。しかしあなたがたはあなたがたの思うことをわたしに対してするがよい。そうすればあなたがたはわたしがしようとすることを知るだろう。わたしは護衛を断って、それをあなたがたに返すだろう」。そのときフリードリヒ・フォン・ファイリッシュ侯は言った、「あなたの言葉は全くほんとうだ、そのとおりだ!」

それから彼らは言った、「信仰箇条については調べずにおこう!」わたしは、「神の名において、わたしは聖書に関係のない信仰箇条は守ろうと思わない」と言った。間もなく二人の司教が皇帝のところに行って、わたしが取り消したと言った。それから司教の意を受けた者が来て、事件を皇帝と国会に委任することに同意するかどうかとわたしに尋ねた。わたしは、「それを欲しない。決してそれに同意しない」と言った。そのとき司教は、「わたしがあなたを呼び出したことはこれで十分だ」と言った。このようにわたしはひとりで多くの人々に反対したので、わたしの教師やその他の人々はわたしの態度の変わらないことに立腹した。なかにはこう言う者たちもいた、わたし（ルター）が信仰箇条を彼らの判断に一任するなら、彼らはコンスタンツの宗教会議で糾弾された信仰箇条を全部わたしに任すだろうと。しかしわたしは答えて、ここでわたしは生きて活動しているのだと言った。そのときコホロイスが来て、わたしに言った、「マルティンよ、お前が護衛をあきらめると言うなら、わたしがお前と討論しよう」。わたしは馬鹿正直に彼と討論することを受諾するところであったが、博士ヒエローニムス・シュルフがすぐそのあとで意地悪な微笑をもらしながら答えた、「へえ、それが本当だとよいのだが、それは比類のない愛嬌でもあり申込みでもある。そんな馬鹿者がおるだろうか！」

このようにしてわたしは護衛とともに馬車をおりて宮廷に向かった。そのとき数人の男が飛んで来て、「あなたがたはどうして彼を捕えたか。こんなことはあるはずがない！」

と言った。

そのあとでバーデン方伯の博士がわたしのところに来て、偉そうな誇張したことを言って、わたしを動かそうとした。そしてわたしを訓誡して言った、「人々の間に平和と一致が保たれ、暴動が起こらないようにするため、兄弟愛にもとづいてわたしには実に多くのなすべきこととなすべからざることがある。そのうえにわたしたちは最高の上長者としての皇帝に服従する義務がある、またこの世で躓きになるものを努めて除かねばならない」。これは、わたしが取り消さねばならないという意味である。それに対してわたしは、「信仰とキリストの名誉に反しないかぎり、愛のために心から喜んで服従し、そうするでしょう」と言った。

このときトリーアの宰相は言った、「マルティンよ、あなたは皇帝の権威に服従しない。それなら与えられた護衛と一緒にまた旅立って差し支えない」。そのときわたしは答えて言った。「閣下の思うとおりのことが起こっています。あなたがどこにいるか、あなたにもわかるでしょう」。そう言ってわたしはそこをあっさり立ち去った。わたしは彼らの悪だくみを理解もせず、また気にとめることもしなかった。このようにしてウォルムスは非常な評判になったので、彼らはウォルムスが以前のままの状態であればよかったと思ったらしい。

ゲオルク大公は、わたしが聖書を証拠にしたとき、いつも嘲笑して言った、「わたしの国ではよく抵抗せねばならない。貴公たちよ、抵抗せよ」。何に抵抗するか。彼らは悪だくみを抱いてわたしと交渉した。それゆえザクセンのフリードリヒ大公は、「このような交渉をせねばならないとは、まさか考えもしなかった」と言わねばならなかった。

その後、彼らは恐るべき破門の教書を執行した。この教書は、ルターに異端という名と外面をかぶらせさえするなら、何人に対しても彼に復讐するどんな理由でも与えるものであった。しかし暴君たちは結局これを撤回せねばならなかった。ウォルムスで以上のようなことが起こった。その間、わたしを支えたものはただ聖霊だけであった。（四八三）

10　ウォルムス（一五二一年）

彼らはいつか認められた真理を受け入れようとするだろう。しかし彼らはいまこの真理を大いなる悪意によって糾弾するから、この真理をもつことができないと、わたしはウォルムスの国会で彼らに予言した。残念なことには、わたしはこの予言を体験した。すなわち、彼らはわたしの教えが真理であることを自ら告白する。そしてそのとおりに行われることを願った。しかし頑迷な人たちは習慣をおそれた。だから善い例証を他の国民に与えることができない、また彼らの修道院制度やその支配権を分離し解消させることもできない。しかしわたしはいま、彼らが没落し滅びねばならないことを彼らに予言する、しかしわたしはこれを体験したくない。いや、それよりもさきに、わたしは神が恵みをもってわたしを取り去ってくださることを祈願する。（四八四）

この間にローマでルターに対する異端の訴訟が長い引き延ばしの後、再び取り上げられた。ずいぶん無選択に集められた四十一箇条にのぼるルターの異端を糾弾した教皇の教書の中で、ルターの全著作に焼却が要求され、六十日以内に彼の教えの取り消しが命じられ、さもないと破門すると警告された。ネーデルラントとルーヴァンとリエージュでこの異端者の著書が焼かれ、著書に対する最初の火刑の火が燃え上がった。

ルターは、彼以前に何人もあえてなしえなかった大胆な態度でこの威嚇に答えた。一五二〇年十二月十日の朝、彼は一群の教授たちや学生たちとともに黙々と重々しくヴィッテンベルクのエルスター門の前に集まった。火刑の火が燃え上がった。教皇の教会法の著書と二、三のスコラ神学の教科書が火に投げ込まれる。それからルターはおののきつつ、また祈りつつ、そこに進み、ほとんど聞きとれぬほどの声で、「お前は神の聖徒を破滅させた。ゆえに永遠の火がお前を破滅させるのだ」と言いながら、教皇のくだんの教書を焔の中へ投げた。この行為がカトリック教会とのつながりを決定的に断ち切ることが彼には分かっていた。しかしすべての自由を支える「神のことば」はつながれてはならない（IIテモテ二・九）。

一五一八年四月二十六日ハイデルベルクにおける宗教討論に勝ったルターは十月アウクス

ブルクにおいて枢機卿カエタヌスの前で弁明し、九十五箇条の講解を発表して教皇のどっちつかずの態度を反駁する。一五二一年四月十七、十八日にウォルムスの国会に出席して皇帝と会議の前で弁明せねばならない。一五二〇年十二月二十九日付ヴィッテンベルクから宮廷説教者ゲオルク・シュパラティンに宛てたルターの手紙によれば、ウォルムスにおける弁明をルターがいかに準備していたかがわかるだろう。

「前略！　ぼくはアルシュテットからの手紙の写しとキンデルブュックからのきみの手紙をちょうど今日受け取った。この手紙の中で、ぼくが皇帝カールから召喚されたら、ぼくが何をするか、きみはそのことについてぼくから知りたがっている。ここで福音もしくは公の利益のためになんの害もないなら、敵がこの事件を早めるため、あらゆる手段に訴えるだろうときみは見ている。ぼくに関するかぎり、召喚に服従しよう。もしぼくが達者な状態で行けない場合にも、病気のまま運んでもらおう。なぜならこのことについて疑われてはならないからである。また皇帝の召喚は神の召喚を意味するからでもある。さらに彼らが暴力を用いるなら、おそらくそのようなことになるだろうが——なぜなら、彼らは暴力よりもよい方法がないかと思ってぼくを召喚するとはかぎらないからである――ぼくは事件を主のみこころに委ねなければならない。なぜならバビロンの王の炉の中で三人の男たちを守られた神はいまもなお生きて統《す》べ治められるからだ。神がぼくを守られないなら、ぼくの首はキリストに比べるとつまらないものだ。キリストは拷問され、殺され、最大の恥辱を受け、全世界のつまずきになり、多くの人々のために死なれた。いまの場合、危険や幸不幸は問題にならない。むしろただ一つ心配なことがある。それは、ぼくが説き始めた福音を不信仰者の嘲笑に委ねないことであり、また敵がぼくたちに勝つような機会を敵に与えないことだ。そうでないとぼくたちはぼくたちの教えを自由に告白することができないだろう。ぼくは福音のためにぼくの血を注ぐことを恐れていない。キリストがあわれみをもってぼくたちの臆病を守り、敵の勝利からぼくたちを守ってくださいますように！　アーメン。この世の王たちと君たちが集まり、異教徒と民たちが主と油そそがれた者に逆らって呟こうとも（詩篇二・一以下）、聖霊は『すべて主に依り頼む者はさいわいである』（一二節）と教えるばかりでなく、主は彼らを笑いあざけりたもうであろう（四節）。ぼくが生きるとか死ぬとかによって、福音と公の利益に多かれ少なかれ危機が生ずるかどうか、そんな決定はぼくたちの自由にならないことである。きみたちが知っているとおり、神のまことは、イスラエルの多くの人を倒れさせたり、立ちあがらせたりするために（ルカ二・三四）定められたつまずきの岩である（イザヤ八・一四）。

しかしぼくたちになにか心配事があるかぎり、ぼくたちに残された唯一の任務は、皇帝カールが不信仰者を守るために、ぼくの血あるいは他の人たちの血を流すことに彼の権力を行使しないよう神に祈願することだ。すでにぼくがしばしば言ったように、皇帝の手がこの事件の中に巻き込まれるなら、むしろぼくはロマニストたち（註・ハイデルベルクでルターに反対したラテン学者の一群）の手にかかって殺されることを希望する。

ぼくもヤン・フスと同じように司祭政治の手にかかって倒れるばかりでなく、この世の人の手にかかって倒れることになっても、主のみ旨が成就しますように。アーメン。これで、きみたちはぼくの意見と意志を捕えた。なんでもぼくから期待するがよい。しかし逃亡と取り消しは期待されない。ぼくは逃亡しない。取り消しはなおさらしない。主イエスよ、そのようにぼくを強めて下さい。ぼくが逃亡したり取り消したりするなら、多くの人たちの信仰と救いを危うくするだろう。さよなら、主にあって強かれ。

一五二〇年殉教者トーマスの日に。
ヴィッテンベルクにて
マルティン・ルター」

フランクフルト・アム・マインからシュパラティンに宛てた一五二一年四月十四日付の手紙によれば、ルターがサタンと戦いながらウォルムスに行く姿が見える。

「前略。シュパラティンよ、サタンがぼくに病気を与えて妨害しようとした。それだけではなかったが、ぼくはここまで来た。アイゼナッハからここまでくる途中ぼくは死ぬほど疲れ切った（註・ルターの友ミコニウスの報告によると、同伴者はルターの生命を憂慮していた）。ぼくを威嚇するための皇帝カールの全権が公表されたこともぼくにわかった。それでもキリストは生きていたもう。それでぼくたちは黄泉のすべての門（マタイ一六・一八）と、空中の権（エペソ二・二）と戦ってウォルムスに行くだろう。ぼくはきみに皇帝の召喚状と護送状の写しを送る。ぼくとしてはもうこれ以上書きたくない。ぼくのなすべきことはあの場所に行けばわかるだろう。ぼくはサタンを威張らせようとしない。むしろサタンを驚愕させ、侮辱して扱うことが大切な仕事だ。それでぼくに宿舎の心配をしてくれたまえ！　さよなら！

一五二一年、フランクフルトにて　　マルティン・ルター」

ウォルムスへの旅と国会について、ルターの「卓上語録」による報告は編集者によって多少の差異があるので、本文との重複を顧みずここに他の報告を掲げたい。

「まず皇帝カールはわたしに国会に出頭することを求め、ウォルムスまでわたしと同伴する一人の伝令をわたしに遣わした。わたしたちはいま皆と一緒にワイマールに到着した。ここでヨハン大公（註・選帝侯の兄弟）からわたしは旅費をもらった。ワイマールでは、マルティン博士はウォルムスでその著書によって処罰されるという噂が立っていた。それもそのはずだ。皇帝の使者がわたしの目の前に到着した。そしてその使者がマルティン・ルター博士は皇帝によって処罰されるという皇帝の委任状をすべての都市に貼り出したからである。さて、あの伝令がわたしに『博士殿、あなたはさらに前進しようとするのですか』と尋ねた。

そこでわたしは『そうです。さらに前進します。わたしは破門されても、そのことが全都市に公表されても、行きます。皇帝の護衛にわたしを委任しよう』と答えた。これはマインツの司教が行った第一の陰謀であった（註・ルターは、マインツの司教アルブレヒトが敵の策謀の背後に潜んでいると誤信した）。彼はこのようにしてわたしの国会出席の邪魔をして、わたしが皇帝の護衛を無視したかのようにする。それからわたしが法律に反して皇帝の召喚に逆らったことにする。このようにすればわたしに欠席裁判の判決を下せるだろうと考えたのである。

さてわたしがオッペンハイムに到着して、なお三日だけ護衛をつけられたとき、マインツの司教は次のように取り計らった。すなわちブツァーがわたしのところに行き、フランツ・フォン・ジッキンゲンのエーベルンブルクへ行くようにわたしに説き勧めさせたのである。というのは皇帝の聴罪師ラヴィウス（註・ジョアン・グラピオンの別名）が二、三の事件についてわたしと相談しようとしたからである。しかしマインツの司教はそのことを好まない。だから、わたしを引き廻しているうちに護衛の時日が尽きて、もはやウォルムスに着くことができなくしようとしていた。このことにわたしは気づいた。しかしわたしはブツァーに

『わたしは前進する。皇帝の聴罪師がわたしに言うことがあるなら、ウォルムスに着いてから、そうすることができるだろう』と言った。そう言ってわたしは前進した。これがマインツの司教が失敗に終った第二の陰謀であった。わたしはあのときから、このようなことをやった者はみな彼であったことを知った。

さてわたしは、ウォルムスから遠くないところに来たとき、フリードリヒ大公と一緒にウォルムスの郊外にいたシュパラティンが、わたしに一人の使者を内密に遣わして、わたしがウォルムスに行かないように、このような危険な所へ入らないように、わたしに警告した。しかしウォルムスの屋根の上の瓦ほど多くのサタンがいても、わたしはそこへ行くと言って使者に伝言させた。というのは、わたしは少しも驚かなかったし、恐れもしなかったからである。神はひとりの人間をこのように向こう見ずにすることができる。わたしはいまでもなおあの時のように向こう見ずであるかどうかわからない。

いまやわたしは幌のない小馬車に乗り、修道僧の帽子をかぶり、ウォルムスに入った。そのとき人々はみな街路に出て、修道僧マルティン・ルターを見ようとした。『ルターが来た』という知らせが一瞬にして市中に拡まったからである。乗馬の貴族たちがわたしを迎え、約二千人の人たちがヨハンニッテル館までわたしを護送した。わたしはそこで馬車を降りて、来るべき決定を待った（註・これが一五二一年四月十六日であった）。

わたしはウォルムスに到着後、一日経ってから十八日の夕方の六時に、国会長官ウルリッヒ・フォン・パッペンハイムと国会伝令使カスパル・シュトゥルムがわたしを国会に連れていった。国会に入ると、すでにわたしの著書がベンチの上に並べられていた。（どこでこれらの著書を手に入れたのかわたしにはわからなかった。）このときトリーア司教の書記である博士エッケンが国会の規則について演説してから、わたしに『マルティンよ、これらの書物があなたのものであることを認めるか』と言った（註・ルターはなおこのほかにこれらの書物もしくはこれらの書物の一部を取り消すつもりはないかと問われた）。わたしはそれとほとんど同時に『そのとおり』と言った。ところが博士ヒエロニムス・シュルフ（註・後年のヴィッテンベルク大学法学教授）が大声で、『書物の名を読み上げよ！』と国会に叫んだので、書名がことごとく読み上げられた。これらの書物はみなわたしのものであった。そこでわたしは言った、『あらゆる恵みに富みたもう皇帝陛下よ、いと恵み深い王たちと君たちよ、事柄は重くかつ大である。いまわたしはこれらの書物について答えることはできない。これについて考える

「ウォルムス帝国議会にてカール五世とエック博士の前に立つルター」エルンスト・ヒルデブラント画（19世紀末）

ために猶予を与えてくださることをお願いする』。

わたしの言うとおりに行われて、国会はやがて散会された。この間に多くの貴族たちがわたしの宿舎に来て言った、『博士殿、あなたを火刑にするという噂ですが、どうですか。その前に彼らを皆殺しにしなければなりません！』そのようなことも起きるかもしれなかったのである。

わたしは再び国会に呼び出された。広間は群衆でいっぱいだった。人々はわたしの答えを聞きたかったのだ。夜になったので、広間の上に多数の松明が燃えた。わたしはこのような喧騒と雑沓には慣れていなかった。しかし彼らはいままたわたしに話せと命じたので、わたしは話し始めた。

『あらゆる恵みに富みたもう皇帝陛下よ、いとも恵み深き選帝侯たちよ、王たちと君侯たちよ、まず先だってわたしの前に置かれた書物はみなわたしのものだ。しかしこれらの書物のあるものは聖書を教えるための注解書である。それらがわたしのものであることは認めるが、その中には何も悪いことは書かれていない。第二の書物は教皇とわたしへの反対者に反駁する論争の書物である。その中に、もしもなにか悪いことが万一にもあるなら、わたしはそれを改めもしよう。第三のものはキリスト教の教えについて討論した書物にほかならない。これらの書物については、神さまのみこころのままに委ねて、内容はこのままにしておきたい』。ここでいまいちど曖昧でない明確な答えを求められたので、恭々しく低頭して次のようにわたしは答えた。

『陛下と閣下たちが率直な答えを求められるなら、わたしは腹蔵なくすなおに答えよう。わたしが聖書の証言によって、あるいは理性に基づいて論駁されるのでないなら――というのは、教皇も宗教会議もしばしば誤謬を犯すこともあり、また自己矛盾することもあることが明らかにされているから、わたしは教皇や宗教会議だけを信じはしない――わたしは依然としてわたしが引用した聖書の個所と神のことばによって捕えられたわたしの良心によって圧倒されている。わたしには取り消すものは何もない。また取り消そうとも思わない。なぜなら良心に反して行為することは確かなことでなく、また有益なことでもないからだ。神よ、わたしをお助け下さい。アーメン』。

このようにわたしが語ったので、彼らはもう一度ラテン語で繰りかえせと要求した。わたしは諸侯に囲まれて立っていた。そのうえ群衆の雑沓のため、ひどく汗をかいた。そこでトゥーンのフリードリヒ（註・選帝侯国ザクセン評議員の一人）がわたしに言った、『博士殿、できなければ結構だ』。しかしわたしは自分の言葉を全部ラテン語で繰りかえした。これは許された。二人の護衛がわたしに同伴した。わたしは以上のことを語ってから、退場を選帝侯フリードリヒ大公がたいへん気に入った。そのときまた騒ぎが起こった。貴族たちが『あなたは逮捕されるのではないか』と叫んだのだ。わたしは『彼らはただわたしを護衛するために一緒に行くだけだ』と言った。こうしてわたしは宿舎に戻った。そして再び国会へは行かなかった」。

「わたしはやりおおせた！」こういってルターは宿舎に帰った。翌朝皇帝は、ルターの背信と異端に対して彼の帝国の統治と彼の血肉とたましいをカトリック教会のためささげると声明した。

ルターは四月二十六日、ウォルムスを立ち、ヘッセンからチューリンゲンを通って帰郷の途についた。ルターを秘かに危険から救い出して、どこか安全な場所に連れていくという彼の国君ザクセン選帝侯の配慮をルターは聞いていたが、いまや彼はどこにとどまるべきなのか。五月四日、ゴータとアイゼナッハの間にある森の中、アルテンシュタイン付近で、突然彼の馬車が襲われ、馬車人夫たちは逃走する。ルターは馬に乗せられ、見知らぬ騎士たちとともに叢林の中へ姿を消す。このようにして彼は森の中を長い間あちらこちらと騎行してワルトブルクの城に到着した。ルターが何者かに誘拐されたという知らせがもう国中に伝わり、それを聞いたアルブレヒト・デューラーは、「おお、神よ、ルターは死んだ。今後、誰が聖なる福音をあれほど明瞭にわたしたちに説いてくれるだろうか」と言って嘆いた。

五月二十六日、ウォルムスの勅令によってルターとその信徒に対して国外追放の宣言が公布される。これによってルターは法律の保護の外に置かれ、何人も彼に宿泊も食糧も援助も与えてはならなくなった。また彼を見つけて殺しても罰せられなくなった。また彼の著書の焼却が命じられた。このようにしてルターの教えに判決が下されたかのように見えた。

ワルトブルク城に隠された被追放者ルターは若い貴公子に変装しているが、城内で深く神のことばに沈潜し、新約聖書の訳業に従事していた。その間にヴィッテンベルクではカールシュタットの熱狂的な改革が行われた。ルターの言葉によれば、カールシュタットの教会改革は、教皇との戦いではなく、実に悪魔的戦いである。彼はヴィッテンベルクの教会で、学生や市民を扇動し、ミサを行う司祭を暴力で追い払わせ、ミサ服を廃止し、教会の画像を撤去し、懺悔はたましいに有害で断食も余計だと宣言し、無学者のほうが神学者よりも神のことばをよりよく理解すると主張した。いまやルターが霊的に着手したことが、とどまるところを知らぬ放埒な熱狂的行為に終わろうとする。これを聞いたルターはもはやワルトブルクでじっとしていられなくなった。彼は選帝侯の意思に反してヴィッテンベルクに帰り、貴公子の衣裳をぬいで、再びヴィッテンベルク市教会の説教壇に立ち、四旬節第一主日から一週間、連続して説教する。すなわち弱者に対する配慮と愛を信仰に結合すべきことを説き、「わたしたちだけが天国に入ろうとしてはならない。いまは、わたしたちの友ではないわたしたちの兄弟と共に天国に入ろうとせねばならない。ヴィッテンベルクをカペナウムにしないように注意しようではないか」と熱心に警告して、この騒動を鎮めた。

「たましいは神のことば以外に何ものも必要としない。神のことばなしには、思索も考慮も、たましいによってなされる一切の努力もなんの益にもならない。キリスト教の義と自由と生命に必要なものは、ただ一つあるのみ。それは聖なる神のことば、すなわちキリストの福音である」。ルターはこのような根本的確信によって、一五二二年九月、ヴィッテンベルクのハンス・ルフトで印刷され出版された新約聖書の独訳をまずドイツ国民の手に与え、一五三四年には全聖書の独訳を完成した。彼はローマ書によって、恵みによってのみ罪人を義とする福音の新発見、すなわち神のことばによる救いの力を身をもって体験した。彼はこの神のことばに結びつけられた良心によって自説の取り消しを拒否して「異端者」となった。神のことばの力への信頼が彼の宗教改革運動の全体を決定するのである。それゆえ彼は急激な革命的転覆に反対し、暴力に対して愛と忍耐を説き、礼拝の秩序については、出来うるかぎり既存のものを保存した。「わたしが不都合なものを処分したなら、ドイツを流血の大惨事に陥れたであろうと思う。わたしがウォルムスで皇帝の安全を危うくするようなことに一役買っていたら、どうなっていたことだろう」。

ルターがワルトブルクから帰ってから、ドイツの各地に福音の説教者が出た。まずルターの修道院の仲間から、そして他の修道僧団から、すなわちエーベルリン・フォン・ギュンツブルク、マルティン・ブツァー、アムブロシウス・ブラーレル、エコランパディウスその他の人々が立った。ことにニュルンベルクからロイトリンゲンにいたる自由都市では、福音の新しい教えが司祭でない伝道者や平信徒の間に伝播し、この教えの証言者と信者を見た。このように宗教改革運動が急速に普及していったのは、聖書の説教が盛んに行われたためだけでなく、印刷術の発明によって、小冊子、使信、パンフレットによる文書伝道がヴィッテンベルクからドイツの片田舎に至るまで行われたことにもよるのである。これらの文書の力によってルターは教皇派の人々に、狂信派の人々に、あるいは学者に、あるいは必要に応じて貴族、市会評議員、市民、百姓に語りかけた。一五一八年から一五二三年までの間に発行された印刷物は七倍に上った。改革者ルターの文書は、職人の仕事部屋から工場に至るまで、上級もしくは下級の学校や市会議事堂において日常会話の中で語られた。「わたしはドイツで今日ほど神のことばについて多く語られたのを経験したことがない。愛するドイツ人よ、市場が戸外にある間に買え。日光とよい天気の間に収獲せよ。神のことばと恵みがある間に利用せよ！　そうすればあなたがたは『神のことばと恵みは通り過ぎてゆくにわか雨である。

それはいちど降ったところに再び来ないからである』ということを知るだろう」。

一五二三年から一五二四年には教会を組織するためのルターの文書として、聖書に基づくキリスト者の新しい集会の組織、礼拝の秩序、牧師の任免、教会財産の社会的使用、ドイツ語の詩篇、二十四の教会用聖歌などがあり、社会政策と国民教育に関する論策としては、世俗の政府について、高利貸について、金庫制度についてなどがある。

一五二五年、ルターは百姓一揆に対して政府に呼びかけ、諸侯を召集して五月十五日これをフランケンハウゼン附近で鎮定した（「シュヴァーベンの農民階級の十二箇条による平和を勧告す」参照）。彼はこの暴動の原因を思想的にカールシュタットとミュンツァーの教えに見たので、いっそう烈しく彼らと論争を続けた。彼の「天降り的預言者を駁す」は彼らに対する反論である。ルターは人文主義者エラスムスとも袂別し、十二月「自由意志は無である」という書、すなわち「奴隷的意志論」をエラスムス反論として出版した。六月十三日、カタリーナ・フォン・ボラと結婚したことはこの年の社会事情から見て注目すべきことであった。一五二六年、サクラメントをめぐる論争が烈しくなり、一五二七年、ツヴィングリと聖餐論争が始まる。

新しい教会秩序が他のドイツ諸州と同様、ザクセンでも設定されたため、ルターは福音主義教会の牧師按問に参加することになる。そのため「教理問答」の作成に着手する。

この年ルターはトルコ人の侵入に警告を発した。讃美歌「神はわが櫓、わが堅き城」はこの頃にできたと言われる。

一五二八年の「巡察者の教授」は聖餐に関するルターの大いなる信仰の告白であり、教会制度の理念が現わされたものである。

一五二九年の出版である「大小教理問答」は、ドイツ民族の教育に多大の感化を及ぼしたばかりでなく、ルターの教えを世界に伝播させる上で最も有力な書となった。

一五二九年十月一日から四日までルターはツヴィングリとその仲間とマールブルクで会談したが、完全な一致を見るに至らず、聖餐について互いに激論を戦わせた。

聖餐におけるキリストの肉体的臨在説は福音的信仰と一致しないという主張を数冊のパンフレットに述べたのはカールシュタットであるが、ルターはこの議論を鋭く否定した。すなわち「(これはわたしのからだであるという) キリストのことばは狂信者に反してなお堅く立っている」(一五二七年) という題の論文は、聖餐について行われたカールシュタット反駁の書である。チューリッヒの改革者ツヴィングリ（一四八四―一五三一年）も同じように、聖餐のときのキリストのことば（これはわたしのからだである）の「ある」という語は「意味する」というにすぎないと公然と告白した。ルターはこのような告白によると聖餐の神秘は砕かれ、聖餐によって受ける慰めは空虚にされてしまうと主張してこれに抗議する。このためたちまちヴィッテンベルクとチューリッヒとの間に長きにわたる痛ましい決裂が生じた。

福音主義者たちを団結させようとしたヘッセン方伯フィリップは両都市の代理者をマールブルクに召集して調停を図ったのであるが、遂に彼の企図はこの聖餐論で失敗した。

元来、ルターには聖餐の恵みは彼の発見した福音の恵みであったので、神はイエス・キリストのために神ご自身の自由な恵みによってわたしたち罪人を義としたもうという福音に関係する。福音とはルターによれば次のように言われる。すなわち「このゆえに愛する兄弟よ、キリストを学べ。ただし十字架につけられたキリストを！　キリストを讃美することを学べ。そしてあなたが絶望のまん中にあっても、あなた自身を越えて、キリストに語りかけることを学べ。主イエスよ、あなたはわたしの義である。しかしわたしはあなたの罪である。あなたはわたしのものを取り除き、あなたのものをわたしに贈与する」。

ルターは、この福音が揺り動かされたため、キリストの十字架のすべての敵に対し、サタンとそのすべての軍勢に対し、教皇と狂信者に対して戦うのである。彼を異端者として追放したローマ教会は、この恵みについて知らなかったと言うのではないが、この恵みにあずかるためには教会の仲介によらねばならない、また人間の敬虔なわざによって補われねばならないとする。恵みは神の自由な贈り物なのか。教会が勝手に処分できる所有物なのか。誰がこの恵みを分け与えるのか。キリストか教皇か。この区別は福音的聖餐とローマ教会のミサを比較するとき明らかにされる。この恵みを分かち与える者は、ローマ教会ではミサを執行する司祭であるが、福音主義教会ではキリスト自身であり、自らの血と肉とによってその群れを生かし、その教会の唯一の仲保者となり、首《かしら》となり、主となられたキリスト以外にはないのである。

11　アウクスブルク（一五三〇年）

神は福音がさらに普及し伝播するように、アウクスブルクの国会を開かれた。なぜなら彼らは国会で極端な行為に出たからである。彼らはここでわたしたちの教えを検討し、公に承認した。そしてわたしたちを異端者とは呼ばないが、分裂を惹き起こした分派と呼んだ。これに対して、わたしたちは彼らをアンチ・キリストと呼び、嫌忌すべき者と呼んだ。わたしたちは有利となった。なぜなら、わたしたちはこの世のことについてはなにも心配しないからだ。またこの世がわたしたちのことをどう思おうが気にしない。わたしたちは彼らのために福音を始めたのではなく、また彼らのために福音を止めようとも思わない。むしろわたしは、受難週聖金曜日にわたしのために思いきったことをしてくださった主キリストのために、これを始めよう。

教皇派の人たちは、わたしたちの教えが不合理だと言って皇帝を説き伏せていた。そして皇帝が来るならば、何人も一言も発言しないように、彼らがみな沈黙することを命じる申し合わせを皇帝と結んでいた。しかし全く違ったことが起こった。というのはわたしたちの側の人たちは、皇帝の前と全国会の前で公然と福音を告白し、反対者や教皇派の人々をこの国会でひどく辱めたからである。(四八五)

アウクスブルクの国会は、わたしたちの側が行った信仰告白と神のことばのゆえに、金銭に換えがたい価値がある。なぜならわたしたちの信仰告白が正しく真実であることを、敵はここで告白せずにはおれなかったからである。(四八六)

一五三二年に死んだ敬虔な褒むべき選帝侯、いまは亡き追憶のザクセンのヨハン大公には聖霊が与えられていたとわたしは堅く信じている。というのは彼は一五三〇年のアウクスブルクの国会で、皇帝の命令があろうと説教を中止させようとせず、皇帝の全権がその場にいたにもかかわらず絶えず福音を説教させたからである。というのは選帝侯閣下は神のことばを飲食物のように欠くことができないと、いつも言っておられたからだ。そして皇帝カールが権力で説教を止めさせたとき、選帝侯閣下は説教を止めるぐらいならむしろ国会から引き揚げようとした。それで遂にわたしは選帝侯閣下に手紙を書いて、閣下は説教についてはしばらく皇帝に譲歩したほうがよいと忠告せねばならなかった。ことに閣下は皇帝に帰属する外国の都市にいたのだから、そのようにせねばならなかったのだ。私の手紙を読んだ選帝侯は、「わたしが馬鹿か、学者たちが馬鹿か、わたしは分からない」と言われたそうである。（四八七）

一五三〇年、皇帝カールがアウクスブルクで国会を召集して、論争中の宗教問題を調停させようとした。そして選帝侯ヨハンがアウクスブルクに到着すると、選帝侯の説教者が説教することを禁止され、あらゆる妨害を加えられ、除け者扱いにされ、忠告は停止され、

ヨハン大公
（父クラーナハ画）

気高い考えをもったこの選帝侯を福音から引き離すために、あらゆる謀略がめぐらされた。それでも博士マルティン・ルターは食事中にいつか次のように言った。褒むべきこの選帝侯はどんな脅迫をも意に介せず、このため非常な危険の中に置かれていたのだが、真の宗教と神のことばから少しも踏みはずそうとしなかった。そ

ればかりか選帝侯閣下は、アウクスブルクに同行した修士フィリップ・メランヒトン、博士ユストゥス・ヨナス・ゲオルク・シュパラティン、修士ヨハン・アグリコーラなど彼の神学者たちをしばしば慰めた。そして評議員たちに言った、「わたしの学者たちが正しいと思うことをなすように、神に栄光と称賛を帰するために！　わたしやわたしの国や住民を顧みないように！」（四八八）

一五三一年、博士マルティン・ルターは、選帝侯ヨハンが一五三〇年、アウクスブルクの国会中に見た夢が真実になったと言った。すなわち大きな高い山が彼の上にそびえ、ザクセンのゲオルク大公が山の上に立っていた。しかし山は崩れ、ゲオルク大公は彼のところに転び落ちたことを夢で見たと言うのである。博士ルターは言った。山は皇帝であり、ゲオルク大公はこの山に彼のすべての希望と信頼を置いた。しかし山は消滅する。なぜなら彼に対する皇帝の恩恵はもはや以前のようではないからである。それゆえいまやゲオルク大公はわたしたちの君主に対してこのように謙遜になり、親切になった。（四八九）

博士マルティン・ルターは死の直前にアイスレーベンの食卓でこう言った。一五三〇年のアウクスブルクの国会でザルツブルクの司教は、教皇派の人々とルター派の人々を一致させる手段と方法が四つあると言った。すなわち第一は、わたしたちが譲ることである。わたしたちはこれに対して、それはできないと言った。第二は、教皇派の人々が譲ることである。しかし彼らはそれはできないと主張した。第三は、権力をもっていずれか一方に譲歩を命ずるのである。しかしそうすれば大きな反抗が起こるかもしれないから、第四がよい。それは、一方が他方をやっつけて、圧倒することである。このあとで博士マルティン・ルターは言った。これは、キリスト教の司教から提案された、一致のための良い方法だと。

同様に、博士マルティン・ルターは言った。たぶん二十三年前にコンラート・ホフマン公は、マインツの司教アルブレヒト枢機卿に、適当な時に宗教上の争いを制御し防止して、大火事にならないようにしてほしいと言った。そのときマインツの司教は、これは修道僧どうしの争いだ、彼らはたぶん自分たちで和解できるだろうと言った。しかしマインツの司教は時が経つとともに思い知ったらしいと博士ルターは言った。（四九〇）

一五二一年四月ウォルムスの国会を開催したカール五世（一五〇〇―一五五八年）は見据え

るような憂欝な目と蒼白な顔の若君であった。彼はドイツ神聖ローマ皇帝マキシミリアン一世の孫であり、ブルゴーニュ公フィリップとカスティーリャ王女フアナの子として生まれ、フランドルで厳格な宗教教育を受けた。一五〇六年、ブルゴーニュ公となり、一五一六年、マキシミリアンの後継者として、またオーストリア公爵領の君主としてスペイン、ナポリ、シチリアの王となり、一五一九年六月二十八日、ドイツ神聖ローマ帝国の皇帝に選ばれた。一五二〇年十月二十二日、アーヘンで戴冠式が行われた。一五二一年、ウォルムスの国会でオーストリアの領地を弟のフェルディナントに譲渡して、後のオーストリア国家の基礎を築いた。同年にはフランスのフランソワ一世と戦端を開き、一五二六年、マドリット講和条約を結んだ。

教会の第一の君主としてまたその守護者として神に召されたという意識に貫かれた彼は、久しくドイツを留守にしていたが、一五三〇年夏、アウクスブルクに国会を開いて、自らその指導者となるためにドイツに帰ってきた。太陽の沈まぬ国の皇帝として彼は最初から全宗派の集まる宗教会議によって教会の欠陥を除こうという意図をもっていたが、この計画は教皇の反対で挫折していた。そのうえフランスとの戦争とトルコ人の侵入の危険のために、教会問題に手を出す余裕はなかった。それゆえ彼は不本意ながら福音主義に対して消極的な態度を続け、教皇制度と彼自身の政治的利害とに葛藤があったにもかかわらず、ローマ教会の教えと制度に忠実に帰依していた。彼には教会を一致させるためには福音主義者たちをローマ教会に復帰させるよりほかに方法がなかったのであるが、彼の政治的計画を支持させるために福音主義派の諸侯を利用した。彼はそれゆえ絶えず調停によって諸侯を味方に入れようと努力した。ルターが教会の改革のために戦って開拓した真理の問題の真剣さについては、万事を政治的に決定しようとする皇帝に感知されることではなかった。彼はいまやスペインの服装で白馬にまたがり、諸侯にとりかこまれてアウクスブルクに来た。国会召集状によれば、この国会は調停によって不和を解消し、過去の迷いを救い主に委ね、あらゆる人の意見と見解と世論を愛のうちに聞くために開かれると言うのである。なお国外追放の中にあったルターはこの会議に参加することはできなかった。彼は選帝侯領コーブルク城から絶え間なき文通によって皇帝のためにも祈りつつ、彼の僚友を励ますことによって事件の過程に参与していた。彼はここで聖書の訳業を続け、また詩篇一篇から二十五篇までの講解を学僕ファイト・ディートリヒに筆記させた。ことに詩篇一一八篇の講解「美しき告白」は有名である。

コーブルク城におけるルターの毎日の生活についてディートリヒの興味ある報告が残されている。ルターは運動不足にならないため、ディートリヒと賭けをして、こうもりを目標に弩射の競争をした。メランヒトンに宛てたディートリヒの手紙はこのときのルターの心境をよくうかがわせる。

「このような苦しい時に、この人の特別な不撓不屈の精神と快活さと信仰と希望は、どれほど驚嘆してもしきれない。彼は絶えず神のことばを熱心に研究して、このような精神を養う。彼は少なくとも一日三時間、しかも研究に最適の三時間を祈りのために費さない日はなかった。あるとき、わたしは幸いにも彼が祈っている声を聞いた。彼の祈りのことばのうちになんというすばらしい信仰があったことか！　彼は彼の神に大いなる畏敬の念をもって語る。彼は彼の神と、父と語り、友と語るときのように信頼と希望をもって語る。彼は言う。『わたしはあなたがわたしたちの神であり父であることを知っている。それゆえあなたがあなたの子どもたちの迫害者を辱められることをわたしは確信する。あなたがそのようにされないなら、危険はあなたのものであると同時にわたしたちのものである。この交渉はあなたのものである。わたしたちはこの交渉に関係している。関係せずにはいられなかった。それゆえあなたはこの交渉を弁護しようとされる……』。わたしはこのようにルターが澄んだ声で祈っているのを遠くから立って聞いた」。

ここでこの国会における福音的信仰の指導者であったメランヒトンについて述べよう。

フィリップ・メランヒトン（一四九七―一五六〇年）はルターの最も信頼した友の一人であり、最も親密な協力者の一人であった。彼は多くの点で宗教改革運動に功績があった。彼は一四九七年二月十六日、鍛冶職ゲオルク・シュルツェルトの子として生まれ、十三歳に達しないときハイデルベルク大学に入学し、チュービンゲン大学に転じ、ここで十七歳になったときマギステルとなり、最初の講義をした。彼の一般的教養と語学の才能が人文主義者ロイヒリンによって推薦され、一五一八年の夏、ヴィッテンベルク大学に招聘された。ルターの感化の下に新しい教えに引き入れられた彼は、その才能をこの教えのために傾けた。「驚愕せる良心について」（一五四四年）、「神学総論（ロキ・コンムーネス）」（一五二一年・拙訳一九四九年）は彼の著作の中で最も有名である。彼は穏和で平静な人柄であり、また他人と妥協することも理解し合うこともできる人であった。彼は教会の統一の破れることを憂慮し、将来のキリスト教会の歩む道を真剣に心配した。アウクスブルク国会に提出した彼の「アポロ

メランヒトン（父クラーナハ画）

ギア」（弁明）についてルターは選帝侯にこう書いている。「このアポロギアは非常にわたしの気に入った。これには改訂したり変更したりする必要がないとわたしは思う。わたしはこれほど柔和に平静に振舞うことはできない。だからわたしでは具合がわるかろう。このアポロギアが多くの豊かな実を結ぶように、わたしたちの主キリストが助けて下さるように！」福音主義者たちのこの弁明書は、八人の福音主義派諸侯と自由都市ニュルンベルクとロイトリンゲンの署名をもって皇帝に提出された。コーブルク城に幽閉されていたルターは国会に参加できない状態で責任の重荷に心を圧迫されていたが、それでも彼はメランヒトンに十九通のすばらしい慰めと励ましの手紙を書き送り、彼を強めた。しかしルターがコーブルク城から書き送った七十通の手紙は受信者の手に渡らず、後でひとまとめにして発見された。これらのコーブルク城からの手紙はルターの「信仰の慰めと抵抗」

と題して残されている。またメランヒトンがかつて瀕死の重病を患ったとき、ルターは祈りによって彼の生命を死から救った。ルターの死に至るまでこの友情を断つものはなかった。ゲルマン民族の教師と言われたメランヒトンもルターより十四年長く生き、騒々しい神学者の闘争から救われて、一五六〇年、静かに死んだ。

一五三〇年のアウクスブルクの国会においてメランヒトンが誤った譲歩に駆り立てられはしないかというルターの憂慮もあったが、福音主義派の諸侯と自由都市は、「わたしはまた王たちの前にあなたのあかしを語って恥じることはありません」（詩篇一一九・四六）という標語を忠実に守って彼らの信仰の告白をした。ザクセンの選帝侯は目に涙して皇帝から袂別した。皇帝の弾圧があることを知ったが、それでも選帝侯は「皇帝とともに立つより、むしろキリストとともに倒れよう！」という健気な確信を吐露した。これが新旧両派の最終の交渉であった。一五三〇年以来、教会統一のために何がなされたであろうか。このことがたとえ可能であるとしても、ルターのこのときの信仰告白を無視することは許されないだろう（ハンス・プロイス著「一五三〇年をめぐるルター主義」〔一九三〇年〕参照）。

12　結　婚（一五二五年）

ルーカス・クラーナハの父は、博士マルティン・ルター夫人〔カタリーナ・フォン・ボラ、愛称ケーテ〕の肖像を描いた。さてこの肖像が壁にかけられたとき、博士はこれを眺めて言った。わたしはなおこの上にひとりの男を描いてもらって、このような二人の肖像をマンチュアの宗教会議に送り、そこに集まっている教父たちに聖職者の結婚がよいか、それとも独身がよいかと尋ねてみたい。――それから博士マルティン・ルターは婚姻を讃美し始め、それは神の秩序だと言って婚姻を讃美した。もし結婚ということがないなら、世界はとっくに荒れ果て、他のすべての被造物は無となり、神の創造も徒労に帰したであろう。というのは、被造物はすべて人間のために造られているからである。もし結婚ということがないなら、世界の秩序も身分も全く存在しなくなるだろう。（四九一）

わたしは結婚生活一年目の不思議な感覚を覚えている。わたしが食卓に坐ると、自分はいままでは独りだった、しかしいまは二人だと思う。目をさますと、以前はなかった長い髪が彼の傍らに横たわっているのが見える。わたしが研究している傍らにケーテが坐る。彼女は何を話しかけてよいか分らないので、「博士さま、プロイセンの騎士団長は方伯のご兄弟ですか」とわたしに尋ねた。

わたしは予めごく少数の友人にしか知らせず、密かに、しかも急いで結婚式を挙げた。もしそうしなかったなら、彼らはわたしの結婚を妨害したであろう。というのは、わたしの親友でもみな、この女でなく、他の女を選べ！　と言って叫んだであろうから。（四九二）

教皇制度において行われる売淫に恥をかかせ、悪魔に反抗することができるためにも、わたしはひとりの女を娶った。わたしにはそれまで女はひとりもいなかった。いまやこの年齢でひとりの女を娶ろうと思った。たとえ、その女によって子どもをもうけることができないことが分かっていたとしても、わたしはただ、婚姻に名誉を帰するため、そして教皇制度において甚だしく行われるようになった恥ずべき不身持と売淫とを軽蔑し辱めるために、ひとりの女と結婚した。（四九三）

カタリーナ・フォン・ボラ
（父クラーナハ画。1525 年頃）

博士マルティン・ルターは彼の妻について語り、こう言った。わたしはフランス王国よりも、ヴェニスの支配よりも、彼女を尊重する。なぜなら神はわたしに敬虔な女を授けてくださり、彼女にもわたしを授けてくださったからだ。第二に、どこの夫婦の間でも、彼女に見出される欠点よりもなお大きい弱点と欠点があるということを、わたしは聞いているからだ。第三に、彼女が敬虔で貞淑な女にふさわしく、信仰をもって純潔を保っているからだ。これが彼女を愛し彼女を尊ぶに足る十分な理由になるだろう。夫たる者がこのことを熟慮し顧慮するなら、どんなことが起ころうとも容易に克服することができるだろう。またサタンがいつも夫婦の間に準備し、惹き起こす喧嘩や不和も征服することができるだろう。（四九四）

博士マルティン・ルターは彼の妻に、熱心に神のことばを読み、また聞くことを、ことに詩篇を熱心に読むことを教えた。しかし彼女は言った、「神のことばは飽きるほど聞いているし、毎日よく読んでもいます。またこのことについて多くのことを語ることもできます。でも神がなおこのことを欲したもうなら、わたしはこれに従いましょう」。博士はここで嘆息して言った。神のことばに対する倦怠がこのようにして始まる。すなわち、わたしたちは自分が十分にやっていると自惚れる。そしてなにもかもみな知っているのだと思うのであるが、しかしそれとは反対のことを経験する。それればかりか、わたしたちは神のことばについて鵞鳥が知っているくらいのことしか理解していない。それにもかかわらず罰せられないで済まそうとしている。これは将来の禍いと神のことばへの倦怠の前兆である。この前兆の後に新しい空虚な本が出版されて、聖書は軽んじられ、無視され、ベンチの下か隅っこに投げ込まれるのであろう。（四九五）

13　子どもたち

博士ルターは、息子ハンスが謙遜になって罪のゆるしを願うまで三日の間、彼の前に出ることを許そうとしなかった。また再び寵愛しようとしなかった。母や博士ヨナスや博士トイトレーベンがハンスのために執り成したとき、彼は、躾のできていない子どもをもつより死んだ子どもをもつほうがましだと言った。監督は己が家をよく治め子どもたちをよく育てねばならないと、パウロが言っているのは（Iテモテ三・四）、理由のないことではない。それは、他の人たちがこれによって徳を建て、善い手本を与えられ、躓くことのないためなのだ。わたしたち説教者は、他の人たちに善い手本を与える高い地位に置かれている。しかし、わたしたちの子どもが甘やかされてしまえば、他の人たちを躓かせる。腕白小僧どもは、わたしたちの特権をよいことに罪を犯そうとする。それればかりか、彼らがしばしば罪を犯し、あらゆる悪事を行っていたのに、わたしにこれを知らせる者がなく、むしろわたしに隠していた。そうであるなら、どうして私はこれを知ることができよう。まさに世間の諺が言うように、「我が家の悪事は最後に耳に入る。町中で噂になった後に初めて知る」ということになる。だから、わたしは彼を罰せねばならない、少しでも彼を大目にみてはならない。彼を罰せずに放任してはならない。（四九六）

ルターの娘がなお大病の床にあったとき、彼は言った、「わたしは娘をたいへん愛する。しかし神よ、あなたが彼女を召したもう心があるなら、わたしは喜んであなたのもとで彼女に会いましょう」。それから病床にふしている娘に彼は言った、「マグダレーナよ、お前はここでお前の父のもとにいたいと思うだろう。また天の父のもとにも行きたいと思うだろう！」　娘は言った、「はい、お父さま、み心のままに！」　そこで父は言った、「わが子よ、霊は欲するが肉は弱いのだ！」　それから顔をそむけて言った、「わたしはほんとうにお前をたいへん愛した。もし肉が強いなら、霊は一体なんであろうか」。それから彼はなによりもまず次のように言った、「神は千年の間に、わたしに与えて下さったような大きな賜物をどんな司教にもお与えにならなかった。神の賜物を頌《ほ》めないでいられようか！　わたしはわたしたちの主なる神にときどき小さな歌をうたい、僅かな感謝をささげるとしても、心から神の賜物を喜ぶことも、感謝することもできないことを思うと、自分自身に対して腹立たしくなる」。

マグダレーナが臨終の息で横たわり、いま死のうとしていたとき、父は病床の前に跪いて、ひどく嘆き、彼女を救いたまえと神に祈った。彼女は死んだ。父の手のうちに永眠した。母も同じ部屋にいたが、悲しみのために病床に近づかなかった。このことが起こったのは一五四二年の三位一体後第十七主日水曜日、九時を少し過ぎたときであった。彼は右で述べたように、次のことをたびたび繰り返して言った、「わたしたちの主である神が娘をわたしに残しておかれるなら――わたしは娘を非常に愛していたので、わたしは彼女をわたしのもとから離さないでおきたかった。それでも神のみ心が行われますように！　しかしこれよりも善いことは彼女に行われなかった」。彼女がまだ生きていたとき、彼は彼女に言った、「子よ、お前には天にもうひとりの父がいるんだよ、お前はその父のもとに行くんだよ！」いまや彼女が入棺したとき、彼は言った、「おお、愛するひばりの子よ、幸いであるように！」また彼女が横たわっている姿を見て言った、「おお、愛するひばりの子よ、お前は再び起き上がって、星のように、いや太陽のように輝くだろう！」娘の棺があまりに狭く、あまりに小さくつくられていたので、彼は言った、「彼女はいま死んだ。死の床は彼女にはあまりに小さい。わたしは霊によればまことに喜ばしい。しかし肉によればひどく悲しい。肉は霊に近づこうとはしない。別れは人を限りなく悲しませる。彼女はたしかに安らかであり、また幸いであることを知りつつも、なおこのように悲しいのは不思議なことだ！」

それから人々が遺骸を埋葬するため手伝いに来た。そして一般の習慣に従って彼に哀悼の意を述べたとき、彼は言った、「お喜び下さい。わたしは一人の聖徒を天に送った。そうだ、一人の生ける聖徒を！　ああ、わたしたちもこのような死を遂げたい！　このような死をわたしはこの瞬間に受けたい」。そのときある人が言った、「そうだ、そのとおりだが、誰でも自分の家族は残しておきたい」。博士マルティンは答えた、「肉は肉であり、血は血である。彼女が昇天したことは喜ばしい。ここにある悲しみは、肉の悲しみにすぎない」。彼は再びそこに来ていた他の人たちに言った、「皆さま、お悼み下さいますな！　わたしは聖徒を天に送った」。「主よわれらの過ぎし古き咎を思いたまわざれ」と歌っている間に、遺骸のところに来た他の人たちに、彼は言った、「おお、主よ、過ぎし古き咎のみならず、いまある罪をも思いたまわざれ、とわたしは言う。なぜならわたしたちは人の膏血を絞りとる高利貸であり、守銭奴であるからだ。そうだ、この世にはなおミサの蛮行が行われているからだ！」

掘った穴に彼女が葬られたとき、「それは肉の復活だ！」と彼は言った。それから葬式が終って帰宅すると、彼は言った、「わたしの娘はもうからだもたましいも天に送られた。わたしたちキリスト者には歎くべきことはなにもない。このようにならねばならないことをわたしたちは知っているからだ。わたしたちは確実に永遠の生命を信じている。神はその愛する御子により、また御子のゆえにわたしたちに永遠の生命を約束して下さった。このような神はわたしたちを欺きたまわない。わたしはこの娘をわたしたちの神に喜んでささげる。しかし肉によればわたしは彼女をもっと長くわたしのもとに留めておきたかった。しかし神は彼女をお取りになったのであるから、わたしは神に感謝する」。（四九七）

博士マルティン・ルターの幼児が元旦にひどく泣き叫んだ。誰もこれを静かにさせることができなかった。そのとき博士は妻とともにまる一時間悲しみ、困惑した。それから彼は言った。これが結婚の不愉快さと煩わしさだ。このために誰もが結婚を躊躇し、結婚を怖れ、結婚しようとしない。男たちは妻たちの理解しがたい振る舞いや、子どもたちの泣きわめく声や、大きな出費や、付き合いにくい隣人たちを恐れる。それゆえ独身であることを望み、情欲のおもむくまま娼婦を買い、遊んで暮らすために、自由であり、拘束されることを欲しない。だから教父たちのうちだれ一人として結婚についてとくに善いことを書いていない。（四九八）

一五二五年六月十三日、ルターはカタリーナ・フォン・ボラ（一四九九―一五五二年）と結婚した。生まれた子どもたちは、ヨハンネス（愛称ハンス、一五二六―一五七五年）、エリザベート（一五二七―一五二八年）、マグダレーナ（一五二九―一五四二年）、マルティン（一五三一―一五六五年）、パウル（一五三三―一五九三年）、マルガレーテ（一五三四―一五七〇年）である。

修道僧が修道女と結婚して家庭をもつということは、当時では全く法外な事件である。イエスを新郎とする神秘なまぼろしを見ていた修道女が、神の召命に従って自ら進んで夫や子どもたちのため有能な主婦になった。ケーテ夫人の肖像を見ると、彼女の相貌にはロマンチックなものは何も見当らないが、忠実と愛と悧巧さがはっきり見られる。頬骨の少し高いところを見逃せば優雅なところもある。彼女は母の死後、九歳のとき修道院に送り込まれ、一五二三年そこから解放され、改革者の妻となった。一五四二年のルターの遺書によって、「わたしはこの手記をもってわたしの愛する忠実な主婦カタリーナに遺産として隠居分を与えることを告白する……彼女はわたしを敬虔な忠実な夫として、価値あるものとして、美しきものとしてつねに愛し、神の豊かな祝福によってわたしのために六人の子どもを生み、そして育てた……」と言って彼女を記念する。

彼はかつて「わたしはフランス王国よりも、ヴェニスの支配よりも、彼女を尊重する」と言った。「その夫の心は彼女を信頼して糧に欠けることはない」（箴言三一・一一、ルター訳）、すなわち、わたしは夫の心を信頼することのできる敬虔な妻をもった、と言うのである。彼は自分はソロモンの箴言どおりの忠実な女をもつとも言う。彼女はわたしの心を堕落させない。結婚は自然的なものでもなく、肉体的なものでもなく、むしろ神の賜物であり、最も甘美な贈物である。否、結婚は最も貞潔な生活であり、すべての独身無妻の生活に優るものであると言う。しかし結婚が悪くなると地獄である。女たちが泣いたり虚言したり口説いたりして男たちを虜にし、物事を巧みに捩じ曲げるあらゆる術策に長じても、それでもその結婚に信仰と子どもとサクラメントがあれば最も幸福な結婚であると、ルターは結婚における天国と地獄を述べる。

結婚における喜悦と苦痛はルターに縁遠いものではない。彼は言う、「善き結婚による結合ほど甘美な結合は他に存在しない。また善き結婚から別れることほど苦しい別れは他に存在しない。子どもの死がそのことを証明する。それがいかばかり悲しいことであるか、わたし自らこれを経験した」。彼はこのとき一五二八年八月三日、生後八か月で死んだ長女エリザベートのことを思い出しているのであろう。

ルターは妻子をもつことによって、教皇の教会の教師よりも、はるかに富める者となった。彼は言う、「わたしは全世界のすべての教皇の神学者よりも富んでいる。なぜならわたしは満ち足り、そのうえ結婚によってすでに三人の子どもを与えられたが、教皇の神学者たちは子どもを与えられていないからである」。ルターは、結婚は神の掟であり、また結婚への忠実は神の恵みであることを経験する。「誰でも結婚して神の恵みと平和を経験するなら、それは福音の認識に最もよく似た贈物である。子どものために苦しまず、互いに愛なき夫婦は、それはもはや人間ではない。すべてを挙げて信頼することができ、またそのような人によって子どもをつくることのできる忠実な配偶者をもつことは最大の恵みである。神は多くの人を意志の有無にかかわらず結婚の中へ追い込む。このようにして恵みを与える。ケーテよ、あなたはあなたを愛する善き夫をもつ。あなたは女王である。このことを認識せよ。そしてそのことを神に感謝せよ！　サタンは、神が定めたもうた結婚による生活法を憎むから、結婚は主の聖なる名において、主の祝福と創造によって行え！　結婚生活をする者はこれによってあらゆる困難に抵抗して、結婚を義務として行え。また結婚は罪に対する医薬として定められた神の意志を行うものであることを知るべきである。人々は結婚の苦痛、心労、女の浪費、冒険などを挙げて、結婚に反対する理由とする。しかしこれらの理由は、結婚は義務であり医薬であることによって反駁される。なぜなら地が人で満たされるために、結婚は堕罪以前に定められたからである。堕罪以後は結婚は医薬として役立つのである」。

ルターは四十二歳になってなぜ急に結婚したのか。カトリック側は、抑え難い情欲のためだと安易に答え、彼の独身誓約破棄の理由をここに見ようとするが、資料はこれとは反対のものを提供する。ルターは当時はまさに世界史の中心点に立っており、彼は結婚よりも、むしろ死を考えていたことを忘れてはならない。農民戦争が鎮圧されてもなお各所に火刑場の煙が立っていたとき、彼に急に結婚を決心させたのは、死ぬ前に、生活を神の掟と一致させようとする自らの教えに忠実になろうとするためであった。また彼は宗教人として信仰の弱い者のため、臆病な者のため、神のわざである結婚を栄光とするためであった。彼は老いた両親の願いに服従し、子孫を欲したことと、棄てられた女に対する責任と同情とから、さらに人々の蔭口を封ずるために結婚せねばならなかった。

ルターの性と結婚の倫理について次の三つの説教が最も重要である。一、「婚姻の身分についての説教」（一五一九年）、二、「結婚生活について」（一五二二年）、三、「結婚問題について」（一五三〇年）であるが、なお「教会のバビロン幽囚」（一五二〇年）、「どんな人が結婚を禁ぜられているか」（一五二二年）、「聖パウロのコリント前書第七章」（一五二三年）、「創世記講義」（一五三五―一五四五年）はルターの結婚観に関する有力な資料である。フィンランドのオラヴィ・レーテーンメーキ著「ルターにおける性と結婚」（一九五五年）はルターの信仰生活における性と結婚の問題を神学的に基礎づけている。この問題については十九世紀末までに多くの資料的研究が著されているが、神学的に研究されているものは少ない。この題目について有益な参考書としてユリウス・ベーメル著「ルターの結婚書」（一九三五年）が挙げられる。この著書はルターの説教と講義から独身、結婚、両親に関して述べたものを全部集め、索引の部分だけでも三百頁以上もある、性と両性問題に関する大著である。引用文はエアランゲン版とワイマール版に拠っている。序論で現代の性倫理の困難とその理由を叙述し、この問題に対するカトリックのルター批判とルター論争の概観で終わる。著者によるとルターの性倫理の基準は、「感性と道徳」との対立から、ルターの言葉によれば、「自然と霊」の対立から、すなわち、前者から後者への間断なき展開にあるように思われる。

アウクスブルクの国会では苦境に立ち、試煉と研究に悩まされていたルターが、コーブルク城から四歳になる長男ハンスに宛てた手紙（一五三〇年六月十九日付）の中で、天国の庭を喜んで描いているから、これをここに引用せねばならない。

「キリストにあって恵みと平安を！　愛する子よ、あなたがよく学び、熱心に祈ると聞いてわたしはうれしい。ハンスよ、そうしてください。そのことを続けてください。わたしがおうちに帰るとき、年の市ですてきなおみやげを買ってあげましょう。

わたしは綺麗な美しい庭を知っています。たくさんの子どもがそこへ行きます。金色の上着をきて、木の下で見事なりんごを拾います。それから梨も、さくらんぼも、すももも、あんずも拾います。子どもたちは歌い、跳ね、そして喜んで遊んでいます。子どもたちはまた黄金の手綱と銀の鞍のついた美しい小馬も持っています。わたしはこの子どもたちはどんな子かこの庭の主人に尋ねてみました。そうすると主人は、『ここの子どもたちは喜んで祈り、そしてよく学ぶ、お行儀のよい子たちです』と言いました。そこでわたしは、『ご主人さま、わたしにもハンス・ルターという小さい子がいます。この子もこんなに見事なりんごと梨を食べ、こんなに立派な小馬に乗って、ここの子どもたちと一緒に遊べるように、この庭に入れていただけませんか』と言ったら、『坊やが喜んで祈り、よく学び、そしておとなしいなら、入れてあげます。リップスもヨーストも（註・メランヒトンとヨナスの子ども。二人とも五歳でハンスの遊び友だち）一緒に入ってよろしい』と言いました。みんなで一緒に来るなら、笛も鼓も琴もこのほかいろいろな楽器がもらえます。ダンスもできます。小さな弓を射ることもできるます。庭の主人はダンスのためにつくった庭のなかの芝生も見せてくれました。朝がまだ早かったので、子どもたちはまだ朝食を食べていませんでした。わたしは子どもたちがダンスをするのを待っていられませんでした。それでわたしは主人に、『ああ、ご主人さま、わたしは急いで帰って、ハンス坊やも必ず熱心に学び、喜んで祈り、おとなしくなって、この庭に入ることができるように、ここのことを全部書いてやりましょう。しかしハンス坊やはレーネおばさま（註・ケーテ・ルターの叔母、マグダレーナ・フォン・ボラ。ルターの家に生活し、一五三七年に死す）と一緒でなければなりません』。そういうと主人は、『かまいません。行って、そのように坊やに書いておやりなさい』と言いました。

だからハンスよ、元気によく学び、熱心に祈ってください。リップスにも、ヨーストにも、よく学び、熱心に祈れば、一緒にこの庭に入れると言ってください。では、さようなら。レーネおばさまによろしく。わたしのためにおばさまに口づけしてください。

あなたの父マルティン・ルター」

ルターは、一五二八年エリザベートに、一五四二年マグダレーナに死なれたが、その悲しみのうちにもなお彼には信仰の慰めと神に在る静かな喜悦があった。ルターは「子どもはキリスト教世界の泉」である、と言う。まことにルターにとって、子どもは、その死においてさえ天使のように感じられたのではなかろうか。

14　アイスレーベン（一五四六年）

一五四六年二月十日、博士ルターの客マンスフェルトのアルブレヒト伯とシュワルツブルクのハンス・ハインリッヒ伯がアイスレーベンに来た。そのとき博士ルターは教会の一致について次のように語った。選帝侯フリードリヒ大公は、いつもこう言われた。人々を和解させることができれば、事件は解決するはずであったのだ。人々は時には互いに譲り合い、心から一つになりたがっていたのだから。その後で博士マルティン・ルターは言った。わたしたちはみな喜んで一致しようとしている。しかし誰もその方法を探ろうとしない。その方法というのはお互いの愛であろう。同じように、わたしたちはあらゆる富を求める。しかし富むための正しい方法、すなわち神の祝福を誰も求めなかった。同じように、わたしたちはみな救われようとする。しかし全世界はわたしたちが救われるための方法、すなわち仲保者キリストを持とうとしない。

博士マルティン・ルターはアイスレーベンで、甚だ不和であったマンスフェルトの伯爵たちと討議したとき、一致を求めて、次の比喩を語った。節くれだった多くの大枝や小枝のついた幹を切り取って、これを家の中に運び入れようとするとき、人は枝を引っ張って木を中へ入れようとしてはならない。そうすれば、枝は抵抗し、後戻りするだろう。そのように力ずくで木を家や部屋の中へ引き入れようとすれば、枝を全部切り取らねばならない。だがそんなことをするくらいなら、むしろ木を家の中へ入れないほうがよい。枝を切り離してはならないとするなら、そしてすべての枝を入口から入れるとするならば、木の幹を掴み、その幹を戸口の中へ引き入れねばならない。そうすればそれぞれの枝がうまくしなって一緒に集まり、苦労も造作もなく楽々と家の中へ運び込めるだろう。和合を求めようとするなら、ちょうどこれと同じでなければならない。ここでは互いに譲らねばならない。各人が自己の主張を正しとして誰ひとり他人に譲ろうとせず、また他人のために礼儀正しく席を詰めようとしないなら、決して和合は生じない。なぜなら枝は互いに張り合い、戸口にぶつかり、家の中へ運び入れることはできないからだ。

数日後に博士マルティン・ルターはアイスレーベンで、不和について語り、次のように言った。ザクセンのゲオルク大公は、かつてドレスデンの修道僧たちと不和になった。彼はそこでこう言った、「わたしたちが互いに分離することができないなら、法によって分離しよう」と。だから、ここに世間で言われている諺にあるように、個人的には互いに友人だが、事件のために仇敵になる、と言うのである。事件は争われねばならない。そして個人として互いに和合せねばならない。そして法が定めるものは、わたしたちに幸いにも禍いにもなる。人はこの法を上長者として、また審判者として見なければならない。個人は満足せねばならない。そのうちに事件がより高い判定のもとに置かれたとき、個人は互いに和合すべきである。それゆえ最後の審判の日にキリストによってマインツの司教であった教皇とわたしの間に下されたものが、わたしに幸いになるか禍いになるかのいずれかである。そのときわたしはそれに従おう。

同様に彼は言った。人々を和解させ、和合させようとすれば、互いに譲らねばならない。というのは、神と人とが和解するという場合、神は自らの権利を放棄し、自らの怒りを鎮めなければならないだろう。そしてわたしたちはわたしたちの義を棄てねばならない。なぜなら、わたしたちは天国でも神と等しくなろうとしているからであり、また蛇の、すなわち悪魔の誘惑によって自らが神のように賢明で悧巧になったと思っているからだ。だからキリストがわたしたちを和解させねばならなかった。彼は事件を調停し、神と人との間の仲保者となった。この方はそのため仲裁者の役目を担った。それが十字架だった。「仲裁者はいつも一番ひどい目にあう」と言われるとおりである。このようにしてキリストはなお受苦せねばならなかった。彼はこのような受苦と死をわたしたちに贈りたもう。なぜならキリストはわたしたちの罪のために死に、わたしたちの義のために甦りたもうたからである（ローマ四・二五）。こうして人類は再び神と和解させられた。このようにわれらの伯爵たちが、己が義を棄て去るなら、直ちに人は義に到達するだろう。そうしないでここにわたしたちが坐って、飲んだり食ったりして、事件について討議したりしても、なんの和合も生じない。なぜならここで誰も己が尊厳と義を棄てようとしないからだ！（四九九）

15　最期の日

一五四六年、博士マルティン・ルターはアイスレーベンの食卓で次のように言った、わたしは売僧や修道僧に優しすぎた。また穏やかでありすぎた。わたしは彼らになお祝福を与え、彼らの保護者となっていた。しかしわたしは次のことを憂える。すなわちわたしの後に他の者が来て、わたしよりもっと手荒なことをするだろう。彼は切れない鎌をもって他の修道僧たちの頭を剃るだろう。キリストも「わたしは父の名によってきたのに、あなたがたはわたしを受けいれない。もし、ほかの人が自分自身の名によって来るならば、その人を受けいれるのであろう」（ヨハネ五・四三）と言っておられるとおりである。

博士マルティン・ルターはいつか自分自身について次の句を作った。

教皇よ、わたしが生きている間、わたしはあなたにとってはペストであった。

わたしが死んだら、わたしはあなたの死となるだろう！（五〇〇）

マンスフェルト伯爵家の紛争の交渉は、アンハルトのウォルフガング侯やシュワルツブルクのハインリッヒ伯が間に立って、ルターの宿舎として定められた市書記ヨハン・アルブレヒトの家で行われた。「地獄と全世界がアイスレーベンに集合している」とルターが言ったほど交渉は進まなかった。ルターが神学者として双方の譲歩を要求していることは明らかに見て取れる。この交渉中、二月十四日の日曜日からルターの容態は急に悪化し始め、彼は臨終を知り、祈った。

「主なる神、天の父よ、……あなたは大いなるあわれみから、恵みあるあなたの御意志によって、福音の光が全世界に始まるあなたの聖なる日に、教皇の大いなる背信と暗黒と邪悪をわたしに啓示したもうて以来、あなたはわが愛する祖国の教会を、最後まで変わらぬあなたのみことばの純粋な真理と告白によって、恵み深く支えたまいます。これがためにあなたがみ子を遣わしたもうたことを全世界が承認しますように。ああ、愛する主なる神よ、アーメン、アーメン」。

ユストゥス・ヨナスの学僕がこの祈りを筆記した。ヨナス、ルトフェルト、ルターの息子パウルと二、三人の従僕がルターの臨終を見守っていた。ルターは最後に祈った。

「われらの主なるイエス・キリストの父なる神よ、あなたはわたしにあなたの愛するみ子を信ぜしめ、愛せしめ、また説かしめ、いまもなおお知らしめ、かつ信ぜしめたもうことを感謝します。教皇とすべての不信仰者はあなたのみ子を辱しめ、汚しています。わが主イエス・キリストよ、わたしのたましいをあなたに委ねしめたまえ。おお、天の父よ、わたしはこのからだから裂かれようとも、わたしはあなたのもとでとこしえに生きることを知っています。あなたはそのひとり子をたもうほどに世を愛したまいます。神を信じる者が滅びないで、とこしえに生きるためです」。

さらに彼は語をついで、「われらの神は救いの神である。死からのがれ得るのは主なる神による」（詩篇六八・二〇）と言った。彼はいよいよ最後が近づいたことを感じて、三度、「父よ、あなたのみ手にわたしのたましいを委ねます」と繰り返した。こういって彼は静かに黙した。そして一回深い吐息をついて、いとも穏やかに、また静かに大いなる忍耐をもって彼のたましいを彼の神に委ねた。時計は午前二時四十五分（一五四六年二月十八日）を指していた。まさに六十二年二か月十三日のルターの生涯はここに終った。尊き神の人は彼の戦いを戦い尽くし、彼の馳場の目標に到着した。遺骸はアイスレーベンからヴィッテンベルクに移された。葬列が通過する沿道の村落や都市では弔いの鐘を鳴らし、老若の男女が多数出迎え、見送り、市門の内外には福音主義教会のすべての教役者、市会評議員、すべての学生、小学生まで参加して弔歌を歌って真に哀悼の意を表した。都市の尊い人々や貴婦人もこれらの人々に混じって、葬列が去った後から、号泣悲歎の声が絶えなかった。非常な群衆のため葬列はしばしば徐行し停車し、遂にハレに泊り、同市の人々によって通夜され、翌朝、打ち鳴らす鐘声とともにハレを出発し、二十一日の日曜日正午、ビッテルフェルトに到着し、ザクセン選帝侯の護衛兵に送迎され、二十二日マンスフェルトのハンス伯とホイエル伯の率いる四十五人の騎兵隊と共にヴィッテンベルク市外の第一城門に到着した。城門には選帝侯の命令によって、大学総長をはじめとして全大学の関係者一同、市会評議員、教会関係、その他市民の諸団体が整列した。このようにして葬列は市の第一城門から市中を通って城教会に入った。遺骸は城教会に運ばれ、説教壇の前に据えられた。弔歌が終わると、ブーゲンハーゲンが説教壇に立ち、数千の人々の前で、Iテサロニケ四・一三―一四について慰めの説教をした。

「神がこの悲しみをわたしたちに送り、この高き尊き博士マルティン・ルター、この人をわたしたちから取り去りたもうたことは、わたしたちの衷心からの悲しみである。神はこの人によってわたしたちのすべての者とドイツのすべての教会と、すべての外国の国民とに、言い尽くし難い賜物と恵みを示したもうた！　しかし反対者はやがてこの人の死を喜ぶであろう。だがこの尊き人の雄々しく、かつ大いなる神の祝福に満つる教えは、なお力強く生きている。神が重んじ、かつ愛したこの人が、しかもこの世にあってわたしたちとキリストの教会を烈しく愛したこの人が、いま神によってその懐に受け取られるということは、わたしたちの慰めである。神自ら、この人の去っていったかの世において、わたしたちを愛したこの人に報いたまえ！　わたしたちの愛する師父、博士マルティンが自ら書き残した墓碑銘と予言とを神自ら成就し、真実となしたまえ！　すなわち、

『教皇よ、わたしの生涯はあなたの疫病になり、わたしの死はあなたの死となるだろう』」。

ブーゲンハーゲンの後にメランヒトンが立ち、長いラテン語の追悼演説をした。

「彼を正しく知り、彼と交わった者は何人も、彼が非常に親切であり、人と交わるに慈悲深く、親しく、また愛想よく語り、少しも傲慢でなく、怒らず、頑固でなく、また喧嘩好きでなく、しかも彼の言葉と動作は真剣であり、大胆であったことを、誰でも首肯するであろう。彼の態度は不躾でなく、その他の不徳というものが彼には感じられなかった。一揆や暴動を煽動した言葉は彼から発せられなかった。彼は変わることなく平和と宥和のために全力を尽くした。彼は宗教上の問題について他人と論争を増し加えることを好まなかった。彼はまた社会的体裁を繕うために地位を求めなかった。わたしはこのほか彼が熱涙を流して全教会のために祈ったことを言わねばならない。彼は毎日、時間を定めて詩篇の数篇を唱え、長歎と涙をもって神への祈りを増し加えた。わたしたちはまた彼が憂慮すべき重大な問題の解決を求められるとき、非常な勇気と大胆さを示したことを見た。彼がいかなる騒ぎにも動ぜず、威嚇や驚愕や危険にも辟易しなかったことをわたしたちは知っている。なぜなら彼は神の助けを磐石のように頼み、この確かな基礎に拠って、彼の信仰と信頼を彼の心から奪われなかったからである。彼はまた高い鋭い判断をもつ人であった。ことに紛糾した困難な問題や論争において、いかにあるべきか、またいかに処置してよいか、これを直ちに洞察することができた。彼はある人が考えるように無頓着な人ではなかった。彼は政府の事情をよく知り、彼が交わった人たちの気持と意志を熱心に聴き、よくこれを理解し、尊重した。……いまや彼はこの世の生活から、わたしたちの仲間から、また教会の最高の位置から召されて去った。わたしたちはいまや全く憐れむべき悲惨な、棄てられた孤児となった。高き有能な彼を父としていたわたしたちは、いまや棄てられて孤児となった」。

メランヒトンのこのような演説の後に、ルターの遺骸は彼の生存中多くの力強い説教をした説教壇のすぐ近く、ヴィッテンベルク城教会の墓に葬られた。「ルターの教えは聖書の教えである。ゆえに彼の教えは永遠の教えである」という文句が彼の眠る柩の板に刻まれている。

本書は一九五九年に新教新書として刊行されました。今回の復刊に当たり改版しましたが、その際、固有名の表記や用字用語を現在の通行に置き換え、また若干の表現を改めました。なお、編訳者の遺族に連絡をとろうとしましたが果たせませんでした。何らか情報をお持ちの方は編集部までお知らせいただけると幸甚です。（編集部）

ルター自伝
〈新教新書 276〉

2017 年 5 月 1 日　第 1 版第 1 刷発行

著　者……マルティン・ルター
編訳者……藤田孫太郎

発行者……小林　望
発行所……株式会社新教出版社
〒 162-0814 東京都新宿区新小川町 9-1
電話（代表）03 (3260) 6148

印刷・製本……モリモト印刷

ISBN 978-4-400-22125-8　C1216

M・ルター
藤田孫太郎編訳
祈りと慰めの書
新教新書14

悩める友人のために、父のために、福音教会のために、聖書の言葉によってわれわれがいかに祈りいかに慰められるかを説く、ルターの手紙と説教。　1000円

マンシュレック編
平井清訳
改革者の祈り
新教新書12

ルター、カルヴァンはじめ16世紀の宗教改革者の祈り280余篇。改革者たちの魂の奥底から湧いて来る祈りと信仰の本質がにじみ出る精神の結晶。　1200円

E・トレルチ
深井智朗訳
近代世界にとってのプロテスタンティズムの意義

ルターと近代とを安易に直結させるナショナルな解釈に抗し、近代科学やデモクラシー、資本主義などとの関連を冷静に論じた名講演。　四六判　2600円

北森嘉蔵
宗教改革の神学
オンデマンドブック

第1部「ルターの神学」、第2部「カルヴァンの神学」、第3部「教義学方法論」。歴史神学を媒介した組織神学を試みた著者の創見。　四六判　4400円

深井智朗
神学の起源
社会における機能

神学とは何か、時代の転換期にいかなる機能を果たしたかという問いに社会史的視点から答える。読者の神学観を一変させる神学入門。　四六変　1800円

表示は本体価格です。